中国传统诗词创作普及读本

给青少年讲格律

侯若愚 著

河南大学出版社
HENAN UNIVERSITY PRESS
·郑州·

图书在版编目（CIP）数据

给青少年讲格律／侯若愚著．— 郑州：河南大学出版社，2015.9
ISBN 978-7-5649-1887-3

Ⅰ.①给… Ⅱ.①侯… Ⅲ.①诗词格律—中国—青少年读物 Ⅳ.①I207.21-49

中国版本图书馆CIP数据核字（2015）第019401号

给青少年讲格律

著　　者	侯若愚
责任编辑	谭　笑　任湘蕊
责任校对	周晓磊

出　　版	河南大学出版社
地　　址	郑州市郑东新区商务外环中华大厦2401号　邮编：450046
电　　话	0371—86059701（营销部）　网址：www.hupress.com
制　　作	北京大观世纪文化传媒有限公司
印　　刷	河南文华印务有限公司
版　　次	2017年4月第1版　　印　次　2017年4月第1次印刷
开　　本	890mm×1240mm　1/32　印　张　8.25
字　　数	175千字　　　　　　　定　价　20.00元

版权所有，侵权必究

（本书如有印装质量问题，请与河南大学出版社营销部联系调换）

目 录

第一章　诗词发展脉络　001

第一节　先秦诗歌　006

第二节　汉魏六朝诗　012

第三节　唐诗词　028

第四节　宋诗词　041

第五节　元曲和元诗词　060

第六节　明清诗词　067

第二章　近体诗的格律　073

第一节　格律诗的格律要求　079

第二节　平仄　083

第三节　律句　092

第四节　黏对　094

第五节　近体诗格律十六种　100

第六节　诗病　107

第三章　关于诗歌韵律的一些概念　　113

　第一节　韵　　117
　第二节　近体诗的韵部　　120
　第三节　近体诗押韵法　　122
　第四节　诗韵用字举要　　127
　第五节　诗韵组词　　156

第四章　近体诗的对仗　　231

第五章　诗歌常用修辞方法　　243

后　记　　256

第一章　诗词发展脉络

诗是什么？是思想情感。在心为志，发言为诗。

宋·严羽在《沧浪诗话》中说："诗者，咏性情也。"通过作者自己强烈的思想感情来感染读者。动天地，感鬼神，莫近于诗。

诗又是一种文学体裁。这种体裁的最大特点是韵律和谐而又有节奏，文字精练又概括性强。文有节奏，声有韵律，可吟可唱，抑扬顿挫，有一种音乐的美感。

我国是一个诗歌的国度，诗歌出现的很早，而且生命力持久不息。贯穿了我们历史上的各朝各代，从未间断。

诗歌的发源

中国古代不合乐的叫诗，合乐的叫歌。统称诗歌。

诗歌的起源，历来说法不一。

一种古老的说法，是"模仿说"。意思是人们模仿自然界的发声，《吕氏春秋·古乐》曾记载："尧帝立，乃命质为乐。质乃效山林溪谷之音为歌。"

另一种传统的说法，是"劳动说"。

"诗歌起源于劳动"的说法是因为人类的第一个历史活动就是劳动，劳动时候的呼号声是诗歌最重要的胚芽。

这就是说，在很久很久以前，long long ago，咱们的祖先在这片古老而丰沃的土地上生息繁衍，劳动中累了烦了要唱唱歌跳跳舞疏散疏散筋骨兼解闷；而且我们人类有群体性生活的特征，我们也要呼朋引伴——那么刚开始的唱歌和呼唤大约是单音节的，比如"唷～呼～""哦～嚙～""哎～～嗨～～"之类——刚开始嘛，总是流于简单粗疏的，这种呼唤很容易没招来同类，却招来了狼的……

后来"杭育杭育"派出现了，人们发现，这种号子能让大家劲往一处使。诗歌的节奏和韵律恰恰是劳动动作的节奏和韵律的派生。而且一直到后来，诗歌大多还是二拍节奏，如"青青－子衿，悠悠－我心""一寸－相思－一寸－灰""兰陵－美酒－郁金香"，符合原始劳动"杭育－杭育"一反一复的停顿、节奏和韵律。诗歌在这一点上保留了最初的模样。

后来语言丰富了以后，能唱的词儿也增加了，丰富了，有变化了。比如打猎的时候哼唱的"断竹，续竹，飞竹逐肉（砍竹子，做弓箭；射出箭，射动物）"，高兴不说，还能记录自己的劳动；如果能再长点的歌，还能传情达意，记录生活。

当时很多口头传唱的民间歌谣，像相传舜听见的《击壤歌》，大禹结婚时候的"绥绥白狐，九尾庞庞，成于家室，我都攸昌"

（一个长着九个胖胖尾巴的白狐和大禹结婚了，俺们屯儿永远繁荣昌盛——据说那个狐狸叫"涂山氏"，难怪聊斋里边狐狸精均自称为"涂山氏之裔"）。

还有一种观点，认为诗歌起源于巫术。因为祭祀和求雨的时候往往需要更有歌咏形式的表达："癸卯卜，今日雨。其自西来雨？其自东来雨？其自南来雨？其自北来雨？"但是诗歌并不起源于巫术，只是巫术的一部分表现形式，附丽于巫术。

显然诗歌和人的语言、音乐一样，都是由上万年的发展演变，由粗糙的、混沌的、原始冲动式的感情呼声，经过劳动诗歌、祭祀咒语等连环和中介，生发并成长了。

关于诗歌起源的几种观点，都说明了诗歌是起源于表达情感和交流思想的需要。"诗歌的胚胎是发自内心的呼叫"，情动于内心，表达于语言，"言之不足，故嗟叹之；嗟叹之不足，故歌咏之"。

那诗歌从哪里来？从生活中来，从劳动中来，从爱情中来，从劳动、生活、爱情中交流的需要中来，产生并流丽于劳动、娱乐、求雨、祭祀、占卜等各个方面的社交表现形式与活动中。

第一节　先秦诗歌

先秦时代的文学，是中国古典文学的源头。先秦诗歌有两大派系，一派以《诗经》为大宗，一派以《楚辞》为代表。

就一般意义而言，《诗经》《楚辞》分别是中国古代诗歌现实主义与浪漫主义传统的滥觞，其在中国文学史上的地位是至为崇高的。

诗经

《诗经》是一部古老的诗集，最早的作品大致创作于西周初期，最晚的创作于东周的春秋中叶，大致的时代在公元前十一世纪到前五世纪的五百多年之中。

305篇诗，分《风》《雅》《颂》三类。《颂》40篇，其中，《周颂》31篇，《鲁颂》4篇，《商颂》5篇。《周颂》是西周王室的宗庙祭祀乐歌，主要产生在西周前期社会兴盛时期。《鲁颂》是春秋时期鲁国的宗庙祭祀乐歌。《商颂》是宋国的宗庙祭祀乐歌。

《雅》分《大雅》《小雅》，大雅31篇，《小雅》74篇，全部是西周的作品，主要是朝会乐歌，应用于诸侯朝聘、贵族宴飨等朝会典礼。也有反映贵族社会生活和习俗的诗歌。

《大雅》《小雅》中还有一部分政治讽谏诗，产生于西周政治腐败、社会危机的周厉王、周幽王两代。这些讽谏怨刺之作，在《诗经》中的地位是比较重要的。

《国风》160篇，是15个国家和地区的民间诗歌，各以其所在国家或者地区得名。十五国风是《诗经》里边的精华，作者出自社会各阶层，记录的内容有国家兴衰、民习风俗、劳者之歌、行役之怨、情诗恋歌、婚姻忠贞、讽刺民谣等。广泛地反映了周代的社会生活，被称为"周代社会的百科全书"。

诗可以兴，可以观，可以群，可以怨，迩之事父，远之事君，多识于鸟兽草木之名。这个"多识于鸟兽草木之名"，是把诗用在致知上，把诗当大百科看了。诗经里边提到很多动物、植物，可以扩大知识面。"兴观群怨，事父事君"，把诗经的作用说得这么隆重，这么广大，这么详明，又是把《诗经》当政治教材看了。

相传孔鲤跟随孔子学习的时候，孔鲤的一个同学陈亢悄悄地问孔鲤：你父亲有没有给你开过小灶呀（子亦有异闻乎）？孔鲤回答，其他的倒没有，只是父亲对自己说过"不学诗，无以言"。这里的言，是说话，但不是一般的说话，而是"有文化地"和"有文化的人"说话。即文雅地表达，从中体现出修养。"无以言"是说，不会《诗》，在很多重要场合就不能有效的和人沟通。

根据史料，《诗经》里的诗篇在春秋时代已经在贵族社会广泛流传，普遍应用于祭祀朝会的各种典礼和贵族社交活动的各种礼仪中。《诗经》在春秋时期更像一个外交密码，因为诗虽从民间来，但在流传过程中，逐渐成为能够学习知识的那些阶层即贵族阶层特有的掌握的东西。能念诵《诗经》，是文雅和身份的表征，这成了一种文化崇尚和阶级标识。懂得它，能证明一个人的出身教养：你说你是贵族，我唱一篇诗经你都听不懂，你是从哪里冒出来的？这是大不利于交流的。

而且进一步的，列国人士把这些诗的言辞应用于社会生活和政治交往，作为一种特殊的通情达意的工具，用比喻或者暗示的方法传达彼此的立场和意见，因此，在贵族学校里，它成为必须学习的重要科目。

春秋时期，晋国的公子重耳，流亡到了秦国，希望秦穆公能帮助他夺权回国。而这场帮助重耳回国夺权的大计，就是唱着诗经完成的。（《左传·僖公二十三年》）

某天，秦国通知重耳要为他们举办一场盛会，这种场合，重耳知道，是要赋诗的。子犯（重耳的舅舅）向重耳举荐赵衰，说："吾不如赵衰之文也。"宴会开始后，秦穆公选了一首《采菽》："君子来朝，何锡予之？"来表达对重耳的欢迎之情，赵衰马上为重耳选了一首《河水》："沔彼流水，朝宗于海。"借以表达投奔仰仗之意。宴会在欢乐融洽的气氛中进行，最后，秦穆公赋《小雅·六月》，赵衰一听，马上明白，兴奋地对重耳说："公子，赶快拜谢！"《六月》是一首表现周宣王北伐建功立业的诗，秦穆公选这首诗来唱，就是愿意满足重耳借兵回国的愿望。而如果不是重耳这方也有精通诗经的人，秦穆公这番美意能否接得住还是两说。从上面这个故事中，我们不难看出孔子对孔鲤说"不学诗，无以言"这句话的含义了。

《诗经》对我国的影响极其广泛和深远。《左传》中记载，南蛮（其实是楚国君主）对着战场上敌我双方的尸体用《诗经》抒发情怀；戎族首领为自己辩解的时候引用的也是《诗经》的诗篇，这也是当时《诗经》广布流传的明证。

305篇《诗经》，启发和推动了历代诗人去学习民歌，从民歌中汲取营养，以后的汉乐府，魏晋南北朝民歌，敦煌曲子词……甚至到现在的信天游，这许多的民歌历来是文人诗词源源不绝汲取营养的河流，活泼泼的、永不枯竭的向前流动。

楚辞

战国末期的时候，出现了一个一直到现在都大名鼎鼎的人物——我们专门有个法定节日来纪念的——屈原。我国历史上第一位伟大的爱国主义诗人。

战国时期，中国正处在由奴隶社会向封建社会转化之际。屈原作为有远见的政治家，辅佐楚王，内则变法革新，外则抵御强秦。屈原的辞赋，既是当时的历史记录，也是诗人的心灵写照，同时又是楚国所独有的文化特征的体现。神话的大量采用，想象的自由驰骋，使诗篇意象瑰丽，辞彩绚烂。

从他留下的辞赋来看，痛斥旧贵族的贪婪无厌，探索着未来的理想与光明，是顺应历史潮流、推动历史前进的开拓者。他后来的失败，是旧势力仍然强大的政治形势所造成的悲剧。

政治上的不得志并不妨碍屈原成为流芳千古的爱国诗人。很多历史名人之所以被人记住，并不是因为政治上的原因，而是因为文学或者艺术方面有卓越成就的原因。死而不亡者寿——这就是艺术作品的功劳。屈原和本书列举的很多诗人，都是通过艺术获得了永恒的生命。

《楚辞》，楚人的歌辞。它采用楚国方言，运用楚地声调，记载的是楚国的地理，描写的是楚国的风物——"书楚语，作楚声，纪楚地，名楚物"，富有楚地的地方特色。

西汉刘向把屈原、宋玉、贾谊、东方朔等十几位作家还有刘向自己的辞赋作品收集在一起，正式命名为《楚辞》，是战国末年到西汉初期以屈原为代表的楚国诗人的诗歌总集。

楚辞善于运用比喻、夸张等手法和神话故事表现思想感情，构思奇特，想象丰富，具有浓郁的浪漫主义色彩。句子参差不齐，形式活泼自由，多用"兮"字，语句曼长流利，灵活多变，有停顿，有延伸，委婉而多情致。人们就把这种创作风格的诗歌叫"楚辞体"，又因为里边《离骚》最有名，所以"楚辞体"又叫"骚体"。而《国风》在《诗经》里面占主要地位，所以，诗经和楚辞就并称"风骚"了。

《楚辞》和《诗经》有一个显著区别就是，《诗经》一般是集体创作的，而《楚辞》一般是个人创作的。从《楚辞》起，诗词渐渐成了一个个人创作的活动。也是从这个时候开始，诗人自己的思想感情也就在诗里边显露出来了。这是一大转变——诗词开始关注自身和吟咏性情了。

从原始社会到殷商时代,从《诗经》时代到秦统一中国之前,除了《诗经》和《楚辞》,还曾产生数量众多的口头创作的歌谣,由于缺乏记录工具,它们大多随生随灭,不能流传。只是依据先秦各种典籍中的引录,和考古发掘出土的甲骨卜辞和青铜器铭文,还能保存一部分,像散落的珍珠一样零星的收藏在其他的文学作品里。大多语言浅显明白,易懂好记。比如《白云谣》:

白云在天,丘陵自出。(跑马溜溜地山上,一朵溜溜地云哟)

道里悠远,山川间之。(莫说青山多障碍,万水千山总是情)

将子无死,尚复能来?(今宵别离后,何日君再来?)

《击壤歌》:"日出而作,日入而息。凿井而饮,耕田而食。帝力于我何有哉?"(我日出而作,日落而息,挖井喝水,种地吃饭,皇帝的统治关我啥事)说这首歌生动地反映了上古时代无为而治的情况。

《越人歌》:"今夕何夕兮,搴舟中流。

今日何日兮,得与王子同舟。

蒙羞被好兮,不訾诟耻。

心几烦而不绝兮,得知王子。

山有木兮木有枝,心悦君兮知不知?"

还有《弹铗歌》就是毛遂唱的"长铗归来乎,食无鱼……"这古代人在工作岗位上长期得不到重视,待遇不好,要辞职了的时候发的牢骚:长剑啊,咱们走吧,这里伙食不好!

第二节　汉魏六朝诗歌

乐府

从秦朝开始，出现了"乐府"这个名字。有同学可能要问了，那为什么一般人说"汉乐府"呢，因为乐府在汉朝才被当权者重视并发扬光大。秦朝二世而亡，基本没有诗词的生存土壤，秦始皇焚书坑儒，差点把《诗经》也给灭了，有齐人、鲁人、燕人和赵人把《诗经》秘密藏匿才躲过一劫。到西汉初年《诗经》才又重见天日。

秦失其鹿，天下共逐之。后来，剩了俩最大的竞争对手项羽和刘邦在争夺秦这只鹿。结果如何呢？我们通过两首诗歌来看。

项羽：力拔山兮气盖世，时不利兮骓不逝。骓不逝兮可奈何，虞兮虞兮奈若何？

刘邦：大风起兮云飞扬，威加海内兮归故乡。安得猛士兮守四方？

不用联系历史风云，从这两首诗歌里边，就能看出来哪个是胜利者。

人生快意能有几？亭长还乡做天子！刘邦当了皇帝，是为汉高祖。汉武帝时期，设立了乐府。

西汉时期，民歌的发展比较突出，其中有不少民歌被朝廷收集起来，配合民间的音乐舞蹈进行歌唱，汉武帝时期设立了乐府后，除令文人写诗外，还广泛的采集各地歌谣，整理配乐，以供宗庙祭祀、朝廷宴会、军队阅兵和道路游行这些庄严的仪式中进行演唱。还有不少文人仿照乐府诗的题目、体制写诗，并不配乐，也叫乐府诗。

汉代的乐府诗有"郊庙歌辞""鼓吹曲辞""相和歌辞""杂曲歌辞"等。其中"郊庙歌辞"用于祭祀天地，"鼓吹歌词"用于朝廷盛大集会时的仪仗。咱们现在的民歌，像陕北的信天游、江浙一带的民歌，也没少成为现在中央乐团的演奏曲目，比如《山丹丹花开红艳艳》《十送红军》《茉莉花》等，参照这个理解汉朝的乐府，应该就很好理解。

而"相和歌辞"和"杂曲歌辞"中则保留了不少民歌和文人学习和模仿民歌的作品，最值得重视。

汉乐府古辞反映的社会生活面相当广阔，它们有的写人民的贫困，如《东门行》："出东门，不顾归。来入门，怅欲悲。盎中无斗米储，还视架上无悬衣"、《妇病行》："入门见孤儿，啼索其母抱。徘徊空舍中"；有的写战争和兵役带给人民的苦难，如《战城南》："战城南，死郭北，野死不葬乌可食"、《十五从军征》："十五从军征，八十始得归。道逢乡里人，家中有阿谁？遥看是君家，松柏冢累累"；有的写封建家长对家庭中弱小者的迫害，如《焦仲卿妻》《孤儿行》；有的写妇女被遗弃的痛苦，如《白头吟》："皑如山上雪，皎若云间月。闻君有两意，故来相决绝"、《上山采蘼芜》"上山采蘼芜，下山逢故夫。长跪问故夫，新人复何如？"这些篇章从各个角度展示了劳动人民的苦难生活。

民歌中也有很多是吟咏男女间诚挚坚贞的爱情的，如《上邪》《公无渡河》；还有的赞美女子的美丽和机智，比如我们都非常熟悉的《陌上桑》："日出东南隅，照我秦氏楼。秦氏有好女，自名为罗敷。"女主角秦罗敷后来成了古代美女的代名词。

还有一些作品，以动植物为描写对象，采用拟人的手法，借动植物写人事，类似寓言般有警示和教化作用。如《枯鱼过河泣》："枯鱼过河泣，何时悔复及。作书与鲂鱮，相教慎出入。"角度新颖活泼，处处显示出浓郁的民歌风味。

汉乐府古辞有叙事的，有抒情的，也有说理的，其中叙事的分量较多，也最有特色和成就。《汉书·艺文志》中说汉乐府采集的各地歌谣，"皆感于哀乐，缘事而发"使它们上承《诗经·国风》，放出耀眼的光芒。

与《诗经·国风》相比，汉乐府民歌同样反映了广阔的社会生活和人民的思想情绪，又在艺术上有了较大的创新和发展。它们多是五言诗，杂言诗，句式和节奏加长，容量加大，表现力增强。《国风》大多是抒情诗，而汉乐府最大的艺术特色就是它的叙事性，一首民歌几乎就是一个完整的故事。这就奠定了中国叙事诗的基础。

汉乐府民歌标志着我国叙事诗趋向成熟，而长诗《孔雀东南飞》更是达到了高峰，它用诗歌的语言完整的讲述了一出爱情悲剧，与后来的北魏乐府中的《木兰诗》被称为"乐府双璧"。

乐府诗的流行，对文人产生了广泛的影响，以后历代文人在汉乐府民歌的影响下，往往采用五言或者杂言歌行的乐府体，反映各种社会生活，从汉末建安到明清，作者络绎不绝，形成了一个源远流长的传统，在中国诗歌史上是很突出的现象。

文人五言诗

汉、三国、两晋、南北朝、隋，前后经历共八百多年。人们往往把汉、三国、两晋、南北朝简称为汉魏六朝。这时期的诗歌，比起先秦时期来有许多重要变化，在体裁样式上也有明显的更新。

这个时期的诗歌，大致上又可以分为三个阶段：一、两汉时期，二、曹魏、西晋时期，三、东晋、南北朝时期。

汉初的时候，文人们都还在继承《诗经》的形式写四言诗，你看直到三国时候的曹操写的很多东西还都是四言的。后来四言诗已经不能表现日益丰富的社会生活，而五言诗则从产生走向繁荣，风靡社会。

西汉诗歌，可以分为乐府诗和文人诗两个部分。汉代的时候还有一种与楚辞关系密切的文体——赋。当时的文人大家都很致力于写辞赋，比如司马相如的《上林赋》《长门赋》、班固的《两都赋》、张衡的《归田赋》、杨雄的《甘泉赋》和《长杨赋》。在体式上，汉朝时人们还喜欢写句式和楚辞相仿的楚歌，如刘邦的《大风歌》、乌孙公主刘细君的《悲愁歌》，都是这种和楚辞一样带很多"兮"字的句式。五言诗起源于西汉民间，开始不受文人重视。后来随着汉朝以来五言乐府诗的流行，极大地推动了文人创作五言诗。

到了东汉时代，五言诗的作者越来越多，艺术上也走向成熟，著名文人如班固、张衡、蔡邕、赵壹等都写五言诗，逐步形成了写作五言诗的风尚。这其中，"古诗十九首"是艺术造诣很高的杰作。

汉代无名氏的古诗，原来数量颇多，萧统编《文选》选录了汉代无名氏的古诗十九首，遂有"古诗十九首"之称。

"古诗十九首"不是一时一地的产物，也不出自一人之手，其中大部分创作于东汉后期。内容上较多地表现了夫妇、朋友之间离别相思之情："涉江采芙蓉，兰泽多芳草。采之欲遗谁，所思在远道。还顾望旧乡，长路漫浩浩。同心而离居，忧伤以终老。""行行重行行，与君生别离。相去万余里，各在天一涯。道路阻且长，会面安可知？"士人失意飘零之感："人生寄一世，奄忽若飙尘。何不策高足，先据要路津。无为守穷贱，轗轲长苦辛。"有的甚至表现了人生短促，应当及时行乐的情绪："生年不满百，常怀千岁忧。昼短苦夜长，何不秉烛游！ 为乐当及时，何能待来兹。"感情曲折深沉，有浓厚的感伤色彩。凡此种种，在不同程度上反映出东汉后期政治浑浊，社会不安定环境中知识分子对现实的苦闷。《古诗十九首》不论抒情状物，都生动真切，语言也洗练明达，历代文人都给予了很高评价，刘勰将之誉为"五言之冠冕"；钟嵘誉之为"惊心动魄，可谓一字千金"（《诗品》）。以后历代文人，也常把"古诗十九首"奉为五言抒情诗的典范。

第二阶段是曹魏、西晋时代。约一百年,主要标志是文人五言诗趋于昌盛。汉末建安年间,曹操柄政,许多文人归附于曹氏门下,建安文学一般就被归入曹魏文学。

建安文学和曹魏后期的正始文学,是曹魏文学的两个重点。

建安时代,曹操和曹丕、曹植都雅爱写诗,其中曹植的成就最为突出。建安七子中的王粲、刘桢、徐干、陈琳、阮瑀等人,都擅长写诗,当时曹氏门下有能写诗的文士百来人,带动了文人五言诗的繁兴。

建安年间是三国战乱频仍的时候,建安文人通过亲身体验,作品能反应家国的丧乱和人民的苦难,具有强烈的现实性,语言不怎么雕琢,清新刚健,疏朗明白,并且表现出一种企求在乱世中建功立业、有所作为的奋发精神。这就难能可贵,所谓"蓬莱文章建安骨",就是这种情怀慷慨才调纵横意气风发的气质,后人称为"建安风骨"。也扩大为"汉魏风骨",一直备受推崇。唐代的时候诗坛上有一次白居易倡导的革新,口号就是追求建安风骨。

建安七子后又有以阮籍、嵇康为代表的竹林七贤,他们的创作时间一般在正始年间(正始是魏齐王曹芳的年号),人们把这个时期的文学称为正始文学。正始诗人给后世的印象都挺狂傲和放浪形骸的,那时候又流行服用五石散,类似于现在的摇头丸,人们都张扬个性,经常搞一些行为艺术。像刘伶经常喝酒,随身扛个锄头,说我要是喝多了,倒在哪你们就把我埋到哪。而阮籍常常率意独驾,不问什么路,走到尽头,便恸哭而返。"穷途末路"这个词儿就打这来的。那时候人在生活上普遍都比较恣意率性，可能是为了排解政治上被高压的苦闷吧。

曹魏后期，司马懿父子图谋自立，铲除异己，文化领袖嵇康因为反对司马氏被杀。"忧生"和"愤世"构成了当时诗作主题。那时候的士大夫身仕乱朝，常恐罹谤遇祸，因兹发咏，所以诗词里常常有对生命的担忧（忧生之嗟），很怕开开心心出门去，不能平平安安回家来。很多文人不愿依附司马氏，但是又怕遇祸不敢公然反对，人们都莫谈国是，清新质朴的建安风骨不见了，诗词的遣词用句非常曲折隐晦，隐约其辞，"百代之下，难以情测"。这种"忧生之嗟"和"志在讥刺"的内容在当时的诗中占有很大分量。

后来，司马氏结束了三国鼎峙的局面，建立了西晋。西晋太康年间，文人辈出，文学昌盛，史称太康文学。当时著名诗人有陆机、潘岳、张协、张华、左思等。

潘岳是历史上著名的掷果盈车的美男子，文学上与陆机齐名。其诗较为清新，富有文采。《悼亡诗》是其代表作（望庐思其人，入室想所历。帏屏无髣髴，翰墨有馀迹。流芳未及歇，遗挂犹在壁……）。陆机发展了曹植辞藻华丽、对偶工整的一面，使诗歌更加骈体化，但其诗不及曹植清新明朗，真挚动人。张协和张华的诗都长于抒情状物，张协的诗在描写景物上尤其逼真细腻。

同时的左思，诗风与他人不同。他有著名的《咏史诗》八首，批判门阀制度的不合理，倾吐有才能的寒士的愤懑不平："郁郁涧底松，离离山上苗。以彼径寸茎，荫此百尺条。世胄蹑高位，英俊沉下僚。地势使之然，由来非一朝。金张藉旧业，七叶珥汉貂。冯公岂不伟，白首不见招。"风格遒劲又富有社会意义，在当时尤为独立不群。

除左思外，太康时代的大多数诗人，大抵追求诗歌文采之美，表现也多为日常生活的情景，题材有所开拓，语言和手法更加细致，为此后的抒情写景诗积累了经验。

钟嵘《诗品》把五言诗人分为三品，列入上品的十二家，其中曹魏四家：曹植、刘桢、王粲、阮籍；西晋四家：陆机、潘岳、张协、左思。这说明文人五言诗在曹魏和西晋时代，已经达到了繁荣昌盛、大家辈出的阶段。

第三阶段是东晋、南北朝、隋时代。约三百年。

其主要标志是五言诗进一步发展，有不少更新变化，七言诗也有了初步的发展。

西晋因少数民族的侵扰而覆灭。司马氏在南方重建了东晋王朝，北方则是五胡十六国政权纷立，并从此开始了长期南北分裂的局面。

在南方，东晋之后有宋、齐、梁、陈四个朝代。在北方，十六国后由北魏统一北方，之后又分裂为北齐、北周两个政权。最后由隋统一南北，建立新的大帝国。

这一段时间，文化重点在南方。

以民歌为主要构成的乐府诗又一次显示出它的极大魅力和持久

的生命力，六朝时，历代乐府机关都采集民歌演唱，西晋文人模仿写作乐府诗又吸收了不少的民间歌谣，面貌焕然一新。称为"南北朝乐府"。

南方乐府民歌保存在"清商曲辞"中。"清商曲辞"起源于汉末，兴盛于六朝，又分为"吴声歌""西曲歌""神弦歌"和"江南弄"几个部分。后两者多是贵族、文人仿效民歌之作，"吴声歌"和"西曲歌"则是被采入乐府的民歌。郭茂倩编的《乐府诗集》收录了大约500多首，篇幅短小，绝大部分是五言四句体，是后代五言绝句的前驱。

"吴声歌"产生于吴地，就是六朝首都建康——今天的南京一带，六朝金粉地，自古帝王州嘛。"吴声歌"几乎全部都是情歌，比如：

春林花多媚，春鸟意多哀。春风复多情，吹我罗裳开。
朝登凉台上，夕宿兰池里。乘月采芙蓉，夜夜得莲子。
仰头看桐树，桐花特可怜。愿天无霜雪，梧子解千年。
渊冰厚三尺，素雪覆千里。我心如松柏，君情复何似？

（这几首歌，95版的《三国演义》里孙尚香和刘备结婚的时候的配乐就是这个。这个配乐很符合当时的实际情况，因为这正好是当时的流行歌曲，类似于今天的"终于等到你，还好我没放弃"。）

"吴声曲"大多表现男女情爱，表现热烈大胆，语言天真活泼，风格婉转缠绵，多以女子口吻写，充分表现出南方少女的柔情。

南朝民歌还开辟了一条抒情诗的幽深小道，后来的五代词，花间派，在意境和语言上大量借鉴和使用南北朝民歌的双关手法，使感情的表达更加含蓄旖旎。

南朝民歌以"温柔旖旎"居多，北朝民歌则是清新刚健的"鼓角横吹曲"。这个词是不是令人联想到士兵在霜花漫天的早晨吹起牛角，一看就是"朔气传金柝，寒光照铁衣"的感觉。

没错，北朝民歌反映的是北方原野上各族人民游牧、骑射、爱情等生活的各个方面，比南朝民歌开阔得多，语言要大胆泼辣得多。大致产生于十六国和北魏时代，后来被传到南方，被梁朝采入军乐，保存在梁朝"鼓角横吹曲"中。它们有的写战争的紧张，有的写征人行役的辛苦，有的反映塞外风光，如《敕勒川》，也有部分诗篇描写爱情和婚姻生活，如《折枝杨柳歌》和《捉搦歌》，其中也流露出直率粗犷的气息，不似南方民歌那么婉转缠绵。更多地表现出北方民族豪迈的性格和尚武精神，如《琅琊王歌》《木兰辞》。北方民歌大多篇幅短小，《木兰辞》是唯一的长篇，塑造了一个光辉的女性形象，与《孔雀东南飞》同为乐府民歌中的长篇叙事杰作。

北方乐府民歌多出鲜卑族人之手，有一部分原是用鲜卑语写的，后经汉译，它们是中国文学史上值得珍视的少数民族作品。

而文人诗方面，当时是玄言诗占据着诗坛统治地位。东晋玄学流行，士人喜欢高谈老、庄哲学，以诗歌形式表现老庄哲理，形成了写玄言诗的风尚。

在东晋时代，能够超越玄言诗藩篱的诗人有刘琨和郭璞。刘琨是军事家，作品关心国家命运，颇有建安诗歌的高迈气概。他的《重赠卢谌》里面有一句我们耳熟能详的话"何意百炼钢，化为绕指柔"（功业未及建，夕阳忽西流。时哉不我与，去乎若云浮。朱实陨劲风，繁英落素秋。狭路倾华盖，骇驷摧双辀。何意百炼钢，化为绕指柔）。郭璞诗作追求隐逸情怀，对陶渊明有影响。

陶渊明是东晋末年人，在思想上深受儒道两家影响，诗中往往流露出知足保和的道家思想。语言朴素平淡，主要表现的是农村田园的风光、饮酒读书朋友往来、参加农业劳动等日常生活，如：孟夏草木长，绕屋树扶疏。众鸟欣有托，吾亦爱吾庐。既耕亦已种，时还读我书。穷巷隔深辙，颇回故人车。欢言酌春酒，摘我园中蔬。微雨从东来，好风与之俱。泛览《周王传》，流观《山海》图。俯仰终宇宙，不乐复何如？

在当时，陶诗因为缺少骈体表现方式，在骈体文学昌盛的南朝评价不高，仅被《诗品》列入中品。唐宋时期古文运动开展，反对华词丽藻，重视朴素自然之美，从此陶诗身价陡增，被认为是汉魏六朝时期最杰出的大诗人。他的田园诗在唐宋元明清各个朝代都产生了深远的影响。

南朝宋代前期，出现了谢灵运、颜延之、鲍照等著名诗人。他们主要活动在宋文帝元嘉年间，所以被称为元嘉文学。谢灵运出身大贵族，好游山玩水，写了许多山水诗，词句工丽，而且诗中描写的山水风光满足了南朝许多贵族和文人赏玩自然风光的需要，很快风靡于上流社会，取代了玄言诗在诗坛的统治地位，推动了山水诗歌的发展。

鲍照出身比较低微，在仕途上也不得意，他是诗注重向民间歌曲吸收营养，题材较为广泛，着重表现坎坷失意和对门阀制度的不满，还涉及边塞战争、将士生涯等。他的诗意气豪迈且富有文采。其《拟行路难》十八首，运用七言和杂言样式，写的尤其流转奔放。

他的七言诗隔句用韵，改变了过去七言诗每句用韵的形式，而且常常换韵、加强了七言诗的节奏和变化，增进了表现力，因而对南朝后期和唐代的七言诗发生很大影响。（杜甫评价李白，就用了两个诗人来类比李白"清新庾开府，俊逸鲍参军"。）

南朝齐代诗人，谢朓最为突出（中间小谢又清发）。他深受谢灵运影响，喜欢写山水风景诗。诗风清新流丽，抒情成分也有所增强。他的五言小诗，语言精练自然，情味隽永，成为唐代五绝的前驱。

南朝永明（齐武帝年号）时期，周颙（yóng）著《四声切韵》，提出平、上、去、入四声，而沈约将四声的区辨同传统的诗赋音韵知识相结合，规定了一套五言诗创作时应避免的声律上的毛病，即平头、上尾、蜂腰、鹤膝、大韵、小韵、旁钮、正钮等八种声病。

沈约、王融、谢朓等以这种理论写作一部分诗篇，近代研究者称为"永明体"。永明体在保持了西晋和刘宋时期诗歌对仗工整、辞藻工丽等特点外，进一步注意平仄协调、音韵和谐，追求诗的音律美。

永明体的出现，标志着我国古代诗歌从"古体"诗，开始走向格律严整的"近体诗"。永明体也就成为近体诗形成的前奏，成为诗歌艺术发展中的一个重要环节，为以后梁、陈诗人所继承，到唐代进一步发展完善，形成了近体诗（律诗和绝句）。

梁、陈两代，诗人众多，如江淹、沈约、吴均、何逊、阴铿等写的抒情写景诗，不少篇章都用永明新体来写作，音韵和谐，风格婉丽，成为唐代抒情写景近体诗的有力前驱。

梁、陈时代，宫体诗流行。宫体诗是梁代简文帝萧纲做太子时期和他周围一些文人所提倡写作的诗体，风格清浅绮艳，内容常常写男女之情，着重描绘女子的外貌、体态、装饰和日常生活，在表现女性体态之美方面颇为细腻，语言也颇为浓艳。

宫体诗流行时间很长，一直到隋和初唐。但梁代提倡宫体诗的萧纲遭遇"侯景之乱"被杀，陈后主和隋炀帝也很喜欢宫体诗，所以后人往往把这三个朝代的覆灭和宫体诗联系起来，认为"郑卫哇声"荒淫亡国，对宫体诗进行了过多的指责。

梁、陈时代，七言诗也有了很大的发展。七言诗产生的时间颇早，汉代民谣中七言歌谣已经相当多，文人们也写七言诗，但流传下来的很少。现存的七言诗，以张衡的《四愁诗》和曹丕的《燕歌行》为最早。

汉魏两晋时代，文人们大量写五言诗，认为七言诗太通俗，不够凝练，写的不多。直到鲍照的《拟行路难》之后，才打破了文人们的这种偏见。

梁代沈约、吴均、萧衍、萧纲、萧绎，陈代徐陵、陈叔宝等都写七言诗，蔚然成风，他们不但运用《燕歌行》《行路难》等旧题写七言或杂言，还创制了不少新题如《玉树后庭花》《乌栖曲》《春别》等。

这些题目一直到唐代甚至宋元明清还有人写（如李白的《行路难》）。在体式上大致继承了鲍照的传统，多隔句用韵。可以说，这个时候由于不少诗人的努力，七言诗和杂言诗在诗坛开始占据重要的地位，为唐代五言诗、七言诗和古体诗并驾齐驱的局面奠定了基础。

在长期南北分裂时期，北方经济文化各方面一直落后于南方，文学上也是如此，北朝文人中最有建树的是庾信。庾信原是梁代著名文人，遭遇"侯景之乱"时出使北朝不返，后出仕北周，由于生活环境的剧烈变化，诗风也大变。代表作《拟咏怀》着重表现羁留北方怀念故国的哀怨，追悼梁朝的覆亡，情绪深沉曲折，风格苍凉沉郁，显示出将南方的工巧和北方的慷慨悲歌结合起来的倾向。有的诗词大量用典，一部分短诗又写的清新自然，同时又讲究格律，成为唐代近体诗的先驱。

隋代统一南北，国祚短促（只有三十多年），较为著名的诗人有卢思道、薛道衡、杨素等。隋代文学基本上沿袭南朝传统，宫体诗风依然弥漫诗坛。也有少数作品写的清新刚健，与庾信的诗共同透露出诗风转变的端倪。

东晋南北朝诗歌，在内容题材、体制风格上经历了玄言诗、田园诗、山水诗、永明新体诗、宫体诗等多种变化，这段时期的确可以说是五言古体诗由成熟趋向变化多姿的时代，七言诗也获得了初步发展。由于永明体的产生，宣告了五七言格律诗的萌芽。是五七言诗发展过程中的一个重要阶段，为此后一千多年五七言诗的昌盛和流行奠定了坚实的基础。

除样式外，汉魏六朝诗在内容题材、语言风格、描写技巧等方面都卓有建树，对后代产生深远影响。

从先秦的诗经、离骚到唐宋诗词的繁盛，汉魏六朝无疑是坚实的桥梁和过渡时期。

如乐府诗中的部分曲调，像《从军行》《燕歌行》《行路难》《长相思》《子夜歌》等，后代有许多诗人用这些题目写诗，在题材内容和语言风格等方面从此时作品中吸取营养。

在文人诗中，体裁内容也大大拓宽，咏怀、咏史、游仙、游览、赠答、宴集、送别、哀悼等，提供了多方面反映生活和情绪的好作品，积累了丰富的创作经验，大大开拓了诗歌表现的领域，使后代作者在学习和借鉴的基础上得以进一步深入的发展。

在中国诗歌史上，先秦时代的《诗经》《楚辞》两位老祖宗，它们的题材内容毕竟不及汉魏六朝诗广泛，表现技巧也不如汉魏六朝诗丰富多彩，对于后来唐宋极其以后长期流行的五七言诗来说，不论是在内容题材和样式、技巧方面，汉魏六朝诗的影响都更为直接和广泛。

毫不夸张地说，没有汉魏六朝诗的长期积累，就不会带来唐诗的繁荣。唐诗的风骨特色、声律兼备的特点，盛唐诗歌之所以能够既有爽朗刚健的风骨，又有和谐流美的声律，特别得力于建安诗歌的风骨和六朝诗歌的语言美，因而能达到"言气骨则建安为俦，论宫商则太康不逮"的艺术高度。

汉魏六朝诗在思想内容、艺术形式上都有多方面的创造和成就，同时又长期哺育滋润了后代数量庞大的诗人，因此，它是诗歌发展史上一个重要且无法忽视不容忽视的时期。

第三节　唐诗词

汉魏六朝诗歌的发展似乎一条暗涌的潜流，到了唐朝，这条潜流终于迸发出不可遏止的力量。

经过多方的准备，大明星终于要出场了。唐诗，是中国五七言古今体诗的高峰。

流传到现在的唐诗有49000多首。事物的发展离不开环境，唐诗能成为高峰不是偶然的。我们先来说说形成这座高峰的环境。

首先，289年的唐王朝是一个繁荣富庶的王朝，国力达到了空前的强盛。经济基础决定上层建筑，高度发展的社会经济必然会产生高度发达的文化。

其次，相对于其他王朝，唐朝的政治环境比较宽松。唐朝是一个多民族融合发展的王朝，皇族本身都有少数民族血统。并且隋唐之前的中国还是五胡乱华的时候，五胡十六国与汉族渐渐融合，不但国内，国际之间的交流也达到了一个前所未有的高度（《西游记》写的不就是和印度之间的文化交流么），当时国内民族的融合和国际交流的频繁，使唐朝人的眼界开阔，为唐朝人的创作提供了丰富的素材，可表现的内容大大增加，笔下更加丰富多彩。

唐王朝气度恢弘，对各种文化和各种现象都采取一个兼容并包的态度。所以唐朝人的思想受到的拘束比较少——文学创作不就是要天马行空的想象力嘛。

第三，这可是关键的一条啊，唐王朝继承了隋朝的科举政策，制定和执行了通过科举选拔人才的制度，从天下人中取士，以打破门阀制对仕途的垄断。

之前的门阀制是只有家里是做官的，你才能做官；顶多还有个举荐制，那一般布衣想闻达于诸侯也是非一般困难。而唐朝做到了英雄不问出处，任何人都能参加科举考试，就像现在每个人都能参加高考一样。而且科举制还没有年龄限制，只要人还活着，都能考，可以学到老，考到老。如果考上进士，就当上官了。

进士是科举中最贵重的，而进士的考试以诗赋为主要内容。也就是说，唐朝的大学考试和公务员考试都考诗歌。

这种决定士子前途的考试考诗赋，谁不玩命钻研啊，这直接促进了诗歌的创作。

还记得唐太宗看着鱼贯走入的进士们，捋着胡子说，天下英雄，尽入吾彀中矣。那这些英雄们是怎么进来的，当然是踩着花团锦簇的诗篇进来的。

就诗歌本身而论，经过几代先驱者的努力，五七言古诗已经成熟，近体律绝也基本跨越了它们的试验阶段，可以供唐代诗人自由采用。

前辈们积累的经验，充分表现了汉语之美的多种样式，都使得他们易于借鉴前贤，驰骋才力。这就为唐诗的繁兴奠定了好的基础。

唐朝的时候，举国为诗癫狂。皇家搞个啥活动都要聚集一帮文人写诗。皇帝做寿、公主家别墅落成、组织春游、宴集、没事就搞诗词竞赛，这都是常事。在这些活动里边要是写出好诗好句，那可是无上的荣光，直接上达天听，前途无量。

比如宋之问那个有名的"夺锦"的典故，就是武则天组织诗会，优胜者赐锦袍一件，刚开始东方虬写的又快又好，武则天便把锦袍赐给了东方虬，东方虬穿上锦袍，在众人艳羡的眼光中踌躇满志。然而宋之问交卷以后，大家传阅后都认为宋之问的比东方虬的好，然后武则天命令东方虬把锦袍脱下来给宋之问……这就是"夺锦"之由来。

不单皇家会组织这样的活动，整个社会风气都是这样，后进们要拿着自己的诗词拜谒前辈，希望得到他们的举荐。李白从蜀道里边走出来的时候，拿着自己的诗词去拜谒贺知章，贺知章读到李白的《蜀道难》，立刻尊李白为"谪仙人"，李白立时名声大噪。

白居易拜谒顾况的时候，顾况先看见封面上白居易的名字，笑道："京城米贵，长安居，大不易。"掀卷读到"野火烧不尽，春风吹又生"的时候，情不自禁地赞叹道"道得若个句，居亦易矣"——你能写出这个诗句来，不管现在京城的房价涨成啥样，你想定居都不是难事儿！

所有这些原因综合起来，就使得唐诗盛况空前，后难为继。

唐代文学，特别是唐诗，迅速的发展和繁荣起来。现在我们按时间顺序一一道来。

史学家一般把唐诗的发展分为初唐，盛唐，中唐和晚唐四个时期。

一般来说，初唐是从唐朝立国到玄宗即位以前的八九十年间，从高祖到武则天；盛唐就是从玄宗到代宗以前的五十来年；中唐是从代宗到文宗的七十多年；晚唐是文宗到唐朝灭亡的七十多年。

初唐时期，由六朝时期创立的"永明体"诗歌最终被定格为近体诗格律，分为律诗（五律七律）和绝句（五绝和七绝）两种基本形式，从此，古体诗和近体诗有了明确的界限。

唐初的诗坛上仍旧弥漫着陈梁余风——就是宫体占主流。到了武则天当政的时候，初唐四杰、沈佺期、宋之问和杜审言等诗人用改造宫体诗的方法结束了"六代淫哇"，基本上涤荡了齐梁余风，诗歌的题材和主题得到拓展，由台阁应制扩大到写江山之美和边塞之情，由宫廷的浓艳奢靡变为都市的繁华和人们的情意和感情，开启了唐代的新诗风。

同时，陈子昂从汉魏风骨中吸取素养来开辟唐诗的疆域，上承曹植、阮籍，下开李白、杜甫。当时的诗人上官仪、刘希夷、李峤、苏味道等，都有很多名篇问世。他们的诗词中重现了建安的诗风和感觉，是一种严正务实也不乏润泽感的味道，就像弥漫着清雾的凉爽高远的初秋。如上官仪的"脉脉广川流，驱马历长洲。鹊飞山月曙，蝉噪野风秋"。

从唐玄宗登基到安史之乱之前，这一段大唐繁盛得鲜花着锦烈火烹油，人们生活富足，安定繁荣，表现在创作中就流露出一种强烈的浪漫主义情怀。后人总结最能够代表这种盛唐气象的是两句诗：潮平两岸阔，风正一帆悬。政治安定，气象平稳阔大，高昂的船帆顺风顺水。

从汉魏六朝就做好了铺垫的边塞诗和山水田园诗，这时也由玉璞和混沌状态雕琢成了精美的艺术品。诗中的形象是建功立业守卫边疆的少年英侠还是高洁的隐者，基本就是这两种诗的区分点。而这两种不同的形象，实际上也反映了诗人们是兼济天下的入世精神还是独善其身的出世精神、在仕途上得诗意还是失意、是居庙堂还是处江湖。

当然一个人的生活和思想是不断变化的，比如他可能之前没有当官，后来当官了，也可能当官了又不当了。功名富贵若长在，汉水亦应西北流嘛。像孟浩然，给人的感觉是个田园诗人，他的"春眠不觉晓，处处闻啼鸟，夜来风雨声，花落知多少"多么闲适多么悠游自在啊，一派隐逸风度；但他给丞相张九龄写的诗"欲济无舟楫，端居耻圣明。坐观垂钓者，徒有羡鱼情"就表达了对入世的希企。人的思想认知随着自身经历不断地发生改变，表现在诗词里更千变万化，多姿多彩。

当然人在盛世的时候，他经历的挫折就比乱世的时候经历的少，他的抱负也比乱世实现的途径多。这人吧，经历的打击少，挫折少，就总是对社会和理想抱有期望，这种生气勃勃的思想就比较浪漫，总之这个盛唐气象，很大程度上是这种气象万千的浪漫主义思想。

那时候流派并立，并行不悖，王维、孟浩然、常建、储光羲是田园诗的代表，他们诗中描写的静谧幽深的自然环境，"山中元无雨，空翠湿人衣"，使人心地澄澈，头脑清明。他们是前朝的陶渊明，谢朓，谢灵运等和后来的韦应物和柳宗元之间的桥梁。

边塞诗人是高适、岑参、王昌龄、王之涣、李颀、王翰和后来的李益。他们承接着刘琨、鲍照和庾信，在往上数还可以追溯到以曹植为代表的建安诗群。这些人的边塞军旅诗歌中交织着时代的英雄气概和柔美的儿女心肠，缠绵哀婉，慷慨悲凉。

当时的诗人太多了，贺知章、张九龄、张若虚、张说、张旭、崔颢、张渭……这些诗人，就像一颗颗星星彼此呼应，银光闪烁，在唐朝的天空汇聚成灿烂的银河系。

而李白和杜甫，就是这条星系里边的北斗长庚。

李白的诗词源头更多是在楚辞，而杜甫的诗歌更多承接《诗经》和汉乐府。诗经和楚辞以前就是文学发源的两条并流的支流，现在，杜甫和李白又是诗词上两座并立的高峰。

李白是个浪漫而又直率的人。他一点也不掩盖自己对功名的追求，接到朝廷的诏书，他"仰天大笑出门去，我辈岂是蓬蒿人"，但是如果功名要附加条件，他也毫不犹豫的弃如敝屣："安能摧眉折腰事权贵，使我不得开心颜！"受到挫折，他"人生在世不如意，明朝散发弄扁舟"，他像一个无比坦率的孩子，直通通的把自己的喜怒哀乐都明明白白地表现出来，从不遮遮掩掩。

他爱自然的一切美好事物，从天上的月亮"峨眉山月半轮秋，影入平羌江水流"，到人间的亲人"举头望明月，低头思故乡"，美女"越女明如雪，不着鸦头袜"，美酒"五花马，千金裘，呼儿将出换美酒"，朋友"桃花潭水深千尺，不及汪伦送我情"，他都毫不掩饰地表达自己的热忱，他天性中就带着浪漫主义精神，这和杜甫有点不一样。杜甫一辈子都没有像李白这么风光过。李白虽后来落拓江湖，但好歹还有醉书蛮夷，调谱清平，贵妃斟酒，力士脱靴，赐金还山。

杜甫是个低调的人，尤其经历过安史之乱以后，他的生活到了无以为继的地步："布衾多年冷似铁，娇儿恶卧踏里裂，床头屋漏无干处，雨脚如麻未断绝。"

经历过丧乱和穷苦生活的诗人也很多，为什么只有杜甫成了诗圣呢？这是因为杜甫始终以严肃的，悲悯的心情注视着，关心着祖国和人民，对社会不公平现象提出鞭策："朱门酒肉臭，路有冻死骨"；对朝廷提出劝诫："不过行俭德，盗贼本王臣"（朝廷不要那么穷奢极欲了，少搜刮一点吧，盗贼也是原来的老百姓啊，走投无路才这样了啊）。

杜甫为什么被称为诗圣，套用梁启超先生说的一句话，"为国为民，侠之大者"。那不拘泥于小我、不以物喜不以己悲，居庙堂之高则忧其民、处江湖之远则忧其君的人，那胸中装着别人，唯独没有他自己的人，那"安得广厦千万间，大庇天下寒士俱欢颜，风雨不动安如山，吾庐独破受冻死亦足"的人，才担得起"诗圣"之名。

在安史之乱中，以杜甫为代表的诗人们敢于正视惨淡的人生，敢于正视淋漓的鲜血，坚决的站出来，为人民的安危，国家的危难歌唱；并且，也只有杜甫这样具有这种艺术修养的人，才办得到。因为有些人，他虽然也有这种经历，但是没有杜甫这种"尽得古今之体势而兼人人之所专"的高妙的艺术表现手段，他不能像杜甫那样能够表达出来，只能徒叹奈何。

纵观杜甫在乱中和乱后创作的诗词，不禁令人想起闻一多先生的一句话：为什么我眼里常含泪水，因为我对这片土地爱得深沉。

安史之乱是唐代由盛转衰的转折点。也是唐代诗歌一个重要的分界线。

曾有人说安史之乱也是"一种民族融合的方式"，这绝对是错误的说法。我们承认胡服骑射是民族融合，但"扬州十日"和"嘉定三屠"绝不是民族融合。安史之乱就是扬州十日式的对唐文明的赤裸裸的大肆破坏，是历史车轮的倒退。这样的战争破坏力是巨大的，战后生活和精神两方面都不免匮乏。

代宗大历年间的诗人们，由于生活在一个遭受了极大破坏的社会里，他们的眼界开始转移到日常生活中来，什么节气啊，人事的变化啊，升沉离合啊，都格外触动人的心怀。这就是"感时花溅泪，恨别鸟惊心"吧。这种贯穿着悯乱哀时的情绪，便形成了大历诗歌的基调。

这个时候的著名诗人有以钱起（二十五弦弹夜月，不胜清怨却飞来）、卢纶（月黑雁飞高，单于夜遁逃。欲将轻骑逐，大雪满弓刀）为代表的"大历十才子"。其余八个人：韩翃（章台柳，章台柳，昔日青青今在否？纵使长条似旧垂，也应攀折他人手）、司空曙（钓罢归来不系船，江村月落正堪眠。纵然一夜风吹去，只在芦花浅水边）、李端（欲得周郎顾，时时误拂弦）、崔峒、苗发、耿湋、吉中孚和夏侯审；还有李益（几处吹笳明月夜，何人倚剑白云天……莫遣行人照容鬓，恐惊憔悴入新年）、韦应物（春潮带雨晚来急，野渡无人舟自横）、戴叔伦（苏溪亭上草漫漫，谁倚东风十二阑）。

这样过了三十来年，元和时代来临了。一度中衰的诗坛又逐渐焕发了生机：诗到元和体变新。这个时代可能乍一听觉得不太熟悉，但当时的诗坛领袖其实大家十分的熟悉，一派是白居易、元稹（曾经沧海难为水，除却巫山不是云）、李绅（谁知盘中餐，粒粒皆辛苦）、张籍（还君明珠双泪垂，恨不相逢未嫁时）、王建（妇姑相唤浴蚕去，闲看中庭栀子花）等；一派是韩愈领着贾岛（鸟宿池边树，僧敲月下门）、孟郊（慈母手中线，游子身上衣）、李贺等。他们的源头是一样的：杜甫。从此以后，杜甫在诗坛上的影响就变得非常突出，而且历久不衰。

白派诗人对杜甫继承的侧重在他敢于正视现实、反映现实这一方面。白居易、元稹和张籍等一批有名的诗人发起了诗歌新乐府运动，提倡诗人多写反映时事和现实的诗篇。他们的乐府叙事诗，如白居易的《卖炭翁》等，与杜甫的"三吏三别"一样成为反映现实的珍贵诗篇。而且，白居易他们进一步努力使自己的语言更加通俗流畅,平易近人。

另一派的党代表韩愈,散文和诗歌均有很高造诣。他的散文和柳宗元并列入唐宋八大家,被合称为"韩柳"。那个"千里马常有而伯乐不常有"引起多少人的共鸣啊;柳宗元的山水诗承接了谢灵运:"千山鸟飞绝,万径人踪灭,孤舟蓑笠翁,独钓寒江雪。"

接下来是刘禹锡,他跟白居易并称"刘白"。"沉舟侧畔千帆过,病树前头万木春""东边日出西边雨,道是无晴却有晴"都是他的诗。刘禹锡有不少讽谏时政的诗作,简练而沉着,对后世的苏轼也有很大影响。

当时还有一批卓有成就的诗人:元结、顾况、刘长卿(日暮苍山远,天寒白屋贫。柴门闻犬吠,风雪夜归人),张继(月落乌啼霜满天,江枫渔火对愁眠。姑苏城外寒山寺,夜半钟声到客船)、张祜(却嫌脂粉污颜色,淡扫蛾眉朝至尊)、崔护(人面不知何处去,桃花依旧笑春风)、朱庆馀(妆罢低声问夫婿,画眉深浅入时无?)等。

咱们的例诗挑的都是大家最熟悉的,时间是检验一个作品的唯一标准——千年过去了,这些诗人的作品仍被牙牙学语的孩子们都挂在嘴边……那还说什么呢。有些人,把名字刻入石头,想不朽,有的人,甘愿做野草,等着地下的火烧;有些作品啊,想流传,却几年就销声匿迹了,有的作品啊,却历经千年长盛不衰。

到了晚唐,唐王朝已经日薄西山,还有值得一提的诗人没?

来个谜语吧:不教胡马度阴山——打一诗人名。

杜牧。"胡人不敢南下而牧马"嘛。杜牧虽然有个威风凛凛的名字，诗风却是清新峭拔的。像"一骑红尘妃子笑，无人知是荔枝来""婷婷袅袅十三余，豆蔻梢头二月初，春风十里扬州路，卷上珠帘总不如"。

和杜牧并称小李杜的李商隐，擅长七律，如"桐花万里丹山路，雏凤清于老凤声""身无彩凤双飞翼，心有灵犀一点通""何时共剪西窗烛，却话巴山夜雨时"……有的人，穷其一生能有一句流传下来就不错了，李商隐却有很多很多。像"春蚕到死丝方尽，蜡炬成灰泪始干""此情可待成追忆，只是当时已惘然"。李商隐的诗似乎每句中都是爱情的气氛，但政治的影子却始终弥漫在其中，这是为什么呢？因为他当时在政治上的不得意，不但不得意，还是受压迫的对象，他纵有千种风情，也只能在诗中倾诉了。

当时还有个组合：温李。李是李商隐，温是温庭筠。温庭筠是花间词鼻祖，诗和李商隐齐名，但后人认为他的辞藻多雕饰，情思才力不及李商隐。但是有一句"鸡声茅店月，人迹板桥霜"，寒冽清新，很有韵味。还有一句"兰麝成尘香不灭，拗莲做寸丝难绝"，我很喜欢。

其他人诸如许浑、皮日休、罗隐、陆龟蒙、杜荀鹤、秦韬玉、鱼玄机等，也留下很多令人称道不已的作品。这里对唐诗的介绍本来就是挂一漏万，就不展开了。

词的兴起和晚唐五代词家

早在唐玄宗的时候,为了配合皇宫里时不时举行的需要歌舞助兴的宴会,宫廷乐师就谱了不少曲,文人们则按照曲谱往里写歌词。这叫"倚声填词"。这样,一种新的文学形式——词,就逐渐产生了。

唐朝在温庭筠以前存的词比较少。大家皆道李白是百代词祖,奠定他这一地位的是他的《忆秦娥》(咸阳古道音尘绝,音尘绝,西风残照,汉家陵阙)和《菩萨蛮》(何处是归程,长亭更短亭)。

还有学过的如张志和的《渔歌子》:"西塞山前白鹭飞,桃花流水鳜鱼肥。青箬笠,绿蓑衣,斜风细雨不须归。"白居易的《忆江南》:"江南好,风景旧曾谙。日出江花红胜火,春来江水绿如蓝,能不忆江南。"……

后来到了温庭筠时期,据说当时的唐宣宗爱唱《菩萨蛮》这个曲调,当时的宰相令狐绹拿温庭筠的词给皇上,说是自己填的,还嘱咐温庭筠不要跟别人说。后来这件事泄露出去了,宰相当然不高兴啦,然后温庭筠在官场当然不会得意了。不过呢,仕途失意以后,温庭筠寄情于诗词,成为花间派鼻祖,也是失之东隅收之桑榆吧。

和温庭筠齐名的是韦庄,很多人都喜欢他写的"春日游,杏花吹满头,陌上谁家少年足风流""垆边人似月,皓腕凝霜雪"和"骑马倚斜桥,满楼红袖招"。

南唐的时候就有个写词的大明星了,就是李煜,他父皇李璟和臣子冯延巳都很喜欢词，李璟对冯的一句"风乍起，吹皱一池春水"很是艳羡，曾说："吹皱一池春水，干卿底事？"冯延巳赶紧说，"我写的这个哪有陛下写的'小楼吹彻玉笙寒'好啊。"他估计想起薛道衡和王胄因为写诗超过隋炀帝而被杀的事了。词再好，哪有命要紧啊！

李煜刚开始写的也是这些鲜秾艳丽的宫廷词，宫廷生活嘛，奢靡香暖，写的是一些"刬袜步香阶，手提金缕鞋"这种比较旖旎的词。但是他国破后被宋太祖封了个"违命侯"，"无限江山，别时容易见时难"了，"多少恨，昨夜梦魂中。还似旧时游上苑，车如流水马如龙。花月正春风"。

王国维说，词至李后主而眼界始大，感慨遂深。那是，李后主是从皇帝当了阶下囚啊，一般人也没那经历啊。后人常说《红楼梦》写得好是因为曹雪芹是从钟鼎玉食之家落到"举家食粥酒常赊"的地步，都是有亲身经历的生活的缘故。贵公子曹雪芹尚且如此，以前是皇帝的李煜呢？

所以说格调较高感慨深沉极易引起共鸣的诗篇大多产生在亡国、离乱、不得意之时，所谓"国家不幸诗家幸，赋到沧桑句便工"！

第四节 宋诗词

宋诗

提到宋代文学,人们想到的往往是宋词,在文学史上具有"唐诗宋词"并称的说法。

宋词虽然是宋代文学的主要形式,但在宋代文人眼里,诗歌仍然是他们最为看重和最下功夫的文学形式。词只是"诗余"。流传下来的宋诗数量大大超过了唐诗,诗人也有八千人左右。陆游的《剑南诗稿》存诗近九千首;杨万里一生作诗两万首,流传下来的也有四千首。

唐诗因为种种机缘,在诗坛上留下空前的伟业,是一个难以逾越的高峰,那么宋诗又该向哪里发展呢?

宋诗想要有所作为,就不得不避唐诗的锋芒,自己寻找出一条另外的路来。大凡文学上卓异的天才,都有他自己宏伟的创造力,绝不甘心只模仿古人而不创新,笼罩在前人的阴影下。而且每一个时代又有自己的风习情趣,也会在文学上有所反映。

唐诗和宋诗的特点,先粗略介绍一下,唐诗胜在气韵,宋诗胜在精雅。唐诗之美在情辞,故丰腴;宋诗之美在气骨,故瘦劲。

其实你看唐朝和宋朝的女子,就大体知道唐诗和宋诗的区别了。唐朝女子丰腴,宋朝女子骨感。唐朝的诗也好比唐朝女子的衣服，唐朝女子穿的衣服是纱衣，看着空灵，颜色大多艳丽——朱红绛紫的，图案也是芍药牡丹这种胖花；宋朝女子哪敢露肉啊，纱衣就不穿了，穿的是含蓄朴素的布衣，衣服颜色淡雅，浅黄淡粉，图案也都成了梅花兰花这种瘦花——这就是唐诗和宋诗的区别。拿豫剧《秦香莲》里边一句唱词来比喻：她好比三春牡丹娇又艳，我好比严冬腊梅耐霜寒。

唐诗以情景为主，即使是叙事说理，也寓于情景之中，就是肉始终包着骨头。即使像诗风瘦劲的杜甫，诗里爱叙述议论，但也能化实为虚，以轻灵运苍质。韩愈和孟郊也是比较瘦硬那种，后人说郊寒岛瘦，其实韩愈和孟郊贾岛等就是不太符合唐诗气象的人，连苏轼也说读孟郊诗就好像吃多刺的小鱼，所得不偿劳。韩孟一派运用散文手法入诗，心里想到了，眼里看到的，亲身经历的，都描摹刻画在诗里，这在唐诗的时代是个另类。但是宋朝承接了这个另类的潮流，并且把它繁衍下去，还发扬光大了。

唐朝人认为不宜写在诗里的题材，宋人都往诗里写，而且还喜欢在细微的事物中表现自己的才能，在细枝末节上见功夫。如咏墨、咏纸、咏砚、咏扇子、咏饮食，一首咏茶小诗，可以和韵五六次。其他如朋友酬唱往还的诗，在宋诗中很多见。而这在唐诗里面见得很少。

唐诗山水边塞气象开阔，宋诗家长里短于细微处引发哲理，半亩方塘就能引出一番人生感慨。在唐朝非常少见的说理诗在宋朝大行其道。如："不识庐山真面目，只缘身在此山中""问渠那得清如许，为有源头活水来""不畏浮云遮望眼，只缘身在最高层"，在诗词里边阐发哲理，说理，论事，注入自己的见解，在宋朝比比皆是。

诗本来是抒情的，如果不能直接抒情，则寄情于景、情景交融，似空而实，似疏而密，这是唐朝诗人所擅长的。

宋人简略了唐人写得多的，而详细写唐朝人写得少的或者没写过的，务必穷尽道理。虽然说尽了事物的精微之处，却少了唐朝人华妙的气象。

唐诗中的神情远韵，一唱三叹、绕梁三日不绝的情致，宋诗中少见。所以宋诗虽然内容拓展了，比起唐诗却好像五花肉变柴了，不及唐诗醇厚。后人对宋诗不满意也是基于这个感觉。

唐诗的技法，已经很完备很精美了；宋人想百尺竿头更进一步，就不得不另辟蹊径。唐朝人的诗，天人参半，就是一半人力一半天成，在有意无意之间；而宋诗则全部出于人力，想用人力巧夺天工。

宋人讲究所有字都有来历，喜欢用典。用典这种技法，唐人偶然用之，融化在诗中；作诗的时候，也讲究炼字推敲，不过和宋朝人讲究的侧重点不一样。韩愈和贾岛讨论推敲的时候，讲究的是意境和音节的响亮、意思的灵动还是滞涩，却不问这个字有什么来历。

这么说吧，唐朝人推敲这个字恰当不恰当就像看一个姑娘本身长得好看不好看，不管其他的；而宋朝人看的是这姑娘出身怎么样、背景怎么样。

像黄庭坚的"平生几两屐，身后五车书"，这出自魏晋时候阮孚的感慨"未知一生当著几两屐"。后代的刘辰翁在评论黄庭坚的时候就说，这个黄庭坚啊，想用尽万卷书里的典故，和李白杜甫争能于一词一字之间，"其极至寡情少恩，如法家者流"。大意是他觉得黄庭坚简直就像搞法律的，写的诗像现在的律师写的律师函差不多。

用字和用典可贵的地方其实是在于驱遣灵妙，运乎一心，变化无形迹可寻，像龙一样夭矫，神龙见首不见尾；又好比盐溶化在水里，只能品出味道，却没有形迹可寻，这才是用典的高境界。

王安石说，作诗的人的毛病在于用典太多。用典这个事情是最不能牵强的，贵在精确、自然、变化，所谓"用事工者如己出"，所有的技法都是为了创作诗词服务的，如果只着眼于一歌方面，过于追求，则遣词用句的范围就会窄许多，反而失去了用典的初衷。

宋诗另外一个不同于唐诗的地方就是追求句法的新奇。杜甫说过"为人性僻耽佳句，语不惊人死不休"。这句话在宋朝被无限放大，几乎就是追求的重点。

因为唐人的好诗句，大多浑然天成，并不过多的雕琢，但是这样的话，有些词语就在诗中出现频率就特别高，如"青山绿水"。宋人写诗就特别注意矫正这类的毛病。苏东坡写《聚远楼》诗，本来想用"青山绿水"对"野草闲花"，但是因为"青山绿水"这几个字实在太流于普通和凡熟，就改用了"云山烟水"。这就是宋诗的求新求生。求生求新容易使人感到耳目一新，但是如果为了求新求生而生造词语，往往又会失于怪癖，会对意境的营造和语言的流畅产生妨害和影响，所谓过犹不及，就在这。

最好的办法莫过于平常词语施以新的搭配，如黄庭坚的"桃李春风一杯酒，江湖夜雨十年灯"，这春风，这桃李，这酒；这江湖，这夜雨，这灯，都是很常见的字眼，但是这么重新一组合，则意境清新，前一句见朋友欢聚之乐，后一句见离别索寞之苦，读之隽永而有深味。

这就像好的厨师做菜，即使用寻常的萝卜青菜鸡鸭鱼肉，如果用新的佐料和方法来烹调，就又给人一种食之不厌的感觉。

这就能看出宋人造句的标准，清奇生新，用新鲜的词句营造耳目一新的效果，这是宋诗所擅长的。

另外，在唐诗里只为感情基调和音节响亮的需要而选择的韵脚，在宋诗中却成为一种逞才的途径。

唐朝人选韵脚完全是从诗词的感情或色彩基调出发的。比如这首诗词的基调是沉郁的，那么就选择一个庄重的音调作为韵脚；比如这诗词是轻快的，就选择一个清扬音调的韵脚。

宋朝喜欢步韵，叶韵，叠韵。韵脚越难他们还越喜欢，而且韵脚难的时候还往往出佳作。写诗限韵的时候，受已规定韵脚的限制，往往还能摒弃陈旧的语言，独创新意。

从以上三点可以看出来，宋诗贵清，譬如做菜，凡味重油腻的，都不用，用的都是芹菜木耳蘑菇黄花之类；贵新，凡以前人写过的、很熟了的语言都不用，有洗练的美。

总之，宋诗运才思造情境，炼字造句，皆剥去数层，贵新贵奇，写诗的时候觉得别人也可能会这么写的时候，就都不用，一定要出人意表，不从人间凡俗处来。但同时，弊端也出于此。立意措辞，喜欢剑走偏锋，走深狭幽径，会缺少雍容之美。过于洗练，会少繁华之色；枯淡瘦硬，则少水深林茂之气。

宋诗主要还有词分流了它的情感。宋朝的时候词非常兴盛，词确实比诗更轻灵委婉，更容易抒发人生情感，所谓诗庄词媚嘛。当时人们大多专把委婉的多愁善感的一面抒发在词里边。

就拿欧阳修来说吧，很多人说他的诗失于平直，缺少蕴藉的风味，但是他的词"平芜尽处是春山，行人更在春山外""人生自是有情痴，此恨不关风与月"，多么深婉绵邈。

想要对某个时代的诗有确切的了解，要探究当时的时代精神。因为各个时代的人心力活动情形都是不同的，表现在诗里就更加风格特异。

宋承唐之后，由动转静，如大江之水转为静湖，由雄浑转为澄澈，由波涛汹涌变为清波容与。此种种特点，在宋人理学、古文、书法、绘画各方面都能得到验证。由理学，可见宋人思想之精微收敛；由书法，可见宋人所推崇之美在意态而不再形貌，贵澄洁而不贵华丽。看到这一层，对宋诗的种种时代特点，就会有更深一层的了解。

宋诗之情思深微而不壮阔，其气力内敛而不发扬，起声响贵清泠而不贵洪亮，其词句不尚浓艳而尚朴澹，其味不尚甘肥而尚隽永。此皆与其时代之心情相和。

宋初的时候，士大夫们都推崇白居易，所以有王禹偁为代表的白体诗派；真宗的时候，大家又都喜欢李商隐。这都属于晚唐的范围，所以当时杨亿为代表的西昆体称胜。

仁宗的时候，欧阳修、范仲淹推崇李白和韩愈，诗风就变了。他俩是散文大家，这就给宋朝以文入诗奠定了基础。梅尧臣、苏舜钦大力提倡改革诗风，批判"西昆体"，因为受欧阳修提倡的古文运动的影响，他们力主多写务实的古体诗。宋诗的气象格局开始逐渐阔大起来。到了王安石、苏轼、黄庭坚的时候，宋诗开始走向繁盛了。他们的诗分别被称为"荆公体""东坡体""山谷体"。苏轼开始学刘禹锡，后来学李白；王安石和黄庭坚都宗杜甫。其实他们是很有渊源的，因为王安石受到欧阳修的推重，苏轼出自欧阳修的门下，黄庭坚又是苏门四学士之一，基本上是一脉相承。所以元祐之后，诗人迭起，不出苏黄二家。

因为诗词有反映现实的传统，所以诗风总是随着时局变化的。宋代的武力不及唐强盛，而且外患频仍。北宋末期钦、徽俩皇帝都被人家掳走了，宋室南渡以后，有南宋"中兴四大家"陆游、杨万里、尤袤和范成大写了很多反映怀念故土，企盼北定中原的诗篇。当时武将中的"中兴四将"之首岳飞，也留下许多千古传颂的诗篇："经年尘土满征衣，特特寻芳上翠微。好山好水看不足，马蹄催趁月明归。"

南宋后期，出现了以写自然景色融合个人感慨的永嘉派诗人，徐照、徐玑、翁卷和赵师秀合称"永嘉四灵"。

到南宋末年，快要亡国了。

但是南宋末年的仁人志士，表现出了惊人的民族气节。南宋灭亡前后，壮烈殉国舍生取义的文臣数量之多，在历史上是少见的。他们的诗作中，有坚贞的节操，有国恨家仇，有干戈寥落，充溢着爱国之气。

崖山战役抱着宋朝最后一个皇帝跳海的陆秀夫，是进士；被俘就义的文天祥，是状元；在文天祥后绝食而死的谢枋得（义高便觉身堪舍，礼重方知死为轻），是进士；在他们之前死义的陈文龙，也是状元。

大家只知道文天祥的《过零丁洋》："辛苦遭逢起一经，干戈寥落四周星。山河破碎风飘絮，身世浮沉雨打萍。惶恐滩头说惶恐，零丁洋里叹零丁。人生自古谁无死，留取丹心照汗青。"却鲜有人知状元陈文龙的诗："斗垒孤危势不支，书生守志定难移。自经沟渎非吾事，臣死封疆是此时。须信累囚堪衅鼓，未闻烈士竖降旗。一门百指沦胥尽，唯有丹心天地知。"这样坚贞的气节，真令人叹息！这就是"崖山之后无中国"这种感慨的来历吧。

宋词

说完了宋诗，咱们说说宋词。其实诗词并称到宋朝才名副其实。

词是格律诗发展到一定阶段后出现的一种新的文学形式，所以词又称诗余、长短句。据史料称，词最早在隋代已经出现了，但一首也没有保留下来。现存最早的文人词是中唐时期配合国宴的曲子词。20世纪初,在甘肃敦煌莫高窟发现不少敦煌曲子词,绝大多数也是唐朝人的作品,不过是谁写的就不知道了,这样的诗词,统统署名"无名氏"。

宋朝的诗和词是同样壮大的——唐朝时期词还处于豆蔻梢头二月初的阶段。到了宋朝,诗词才成为两种并行不悖的文学形式。唐诗宋词好比是玛瑙和翡翠,又好比晚霞和朝晖,各擅其场,各臻其胜,各极其美。

最早期的词的表现内容其实是很广泛的,有游子思乡的羁旅之叹、忠臣义士的慷慨陈词、隐士的怡情养性、少年的热望和失望,当然还有后来婉约词的主体——闺情和艳情,并不像所说的那样以婉约为正宗;而且语言朴素——但凡牵扯到民间的,一般用语都很朴素并且生动,没有文人诗词那种华丽繁盛的辞藻,显出一种质朴的清新之气,极为可爱。

一般文人向民间词汲取了营养或者返璞归真以后,写的诗词也会清新朴素。其他文人词免不了辞藻工整典雅华丽。像花间词,尤其华丽秾艳,这就免不了有过于雕琢的弊病。

词发展到晚唐五代的时候已经相当成熟,不过晚唐的词人写的大多数是花前月下的作品,内容多是男女恋情和离愁别恨,所以才有"诗言志,词言情""诗庄词媚"之说。

到了北宋的时候,词已经进入全盛阶段,《全宋词》和《全宋词补辑》一共收录了宋朝1430位词人的20800余首词。

我们为了方便介绍，也把词的发展划分一下时间段：

（一）北宋初年

北宋立国以后，宋太祖赵匡胤有感于自己的亲身经历——自己是被手下武将拥立的，万一这其他武将也想模仿呢？这可不行，于是他诱导和怂恿高级将领交出兵权，这一系列诱导是在酒席上完成的，史称"杯酒释兵权"。

宋太祖说了，一百个文官贪污都没有一个武将造反费钱多啊。所以宋朝大力倡导文风，抑制武备。

那时候大臣的生活待遇优厚，达官贵人有在自己家养歌舞团的风气。而且，那时候他们还喜欢聚会、听歌看舞，既然要唱歌，没歌词能行吗？

那时候就出现一批官僚士大夫词，晏殊、寇准、欧阳修等，这些人的词都比较闲适缠绵，还没有摆脱南唐词的影响。

晏殊的儿子晏几道，和他爹并称为"大晏""小晏"。这个小晏，跟曹雪芹似的，由贵公子降为寒士，经历了比较多的人世沧桑，所以他的词比他悠游闲适的太平宰相爹写的有艺术价值多了："当时明月在，曾照彩云归。"生活的不幸往往是艺术的幸运，你说这小晏到底是幸还是不幸。

王安石是这么看待这个问题的：人到穷时赋始工。这个"穷"可不仅仅是没钱的意思，是一切都窘迫困难到了极点——当然也包括没钱。

晏殊、欧阳修、寇准，都是士大夫，士大夫词和市民毕竟还有一定距离，那宋词是怎么传到街头巷尾的呢？这就是柳永的功劳啦！柳永，刚开始也很热衷功名，不幸的是他有一首词流传太广了，都流传到皇帝耳朵里去了："才子词人，自是白衣卿相。忍把浮名，换了浅斟低唱！"这下皇帝不高兴了，你不是不要浮名吗？你就别考了，你就去填词好了。放榜那天，皇帝特地把他革掉，还说："此人风前月下，好去浅斟低唱，何用浮名？且去填词！"

这下，柳永一生仕途无望，江湖漂泊，沉沦下寮，和社会最广大的底层人民打成一片。所以，他的词描写的对象有城市繁华，有男欢女爱，有漂泊感叹，语言很符合大众的欣赏口味，迅速流行开来。到了什么程度呢，"凡有井水处，皆能歌柳词！"那哪儿会没井水呢？流行程度跟今天的"你是我的小呀小苹果"一样。

你还别觉得我举的例子俗，柳永的词在宋朝那就是很俗的。他精通音律，创作了许多慢曲长调，层层铺叙处处渲染，极尽细致的描写随处可见，像什么"衣带渐宽终不悔，为伊消得人憔悴""系我一生心，负你千行泪""归去来，玉楼深处，有个人相忆"……也挺像现在的情歌歌词的嘛。

在柳永之前，虽然慢词早就有了，但是当时那些有身份的人宁愿选择句子类似于五七言律诗的短调。他们认为，文各有体，要反映现实，要为广大人民说话，要抒写个人悲壮感慨的思想，尽有古体诗和绝句律诗和新乐府这些体裁可以用，而这个新兴的配乐的长短句只适合描写男女恋慕和离愁别绪，抒发比较柔情的一面。

柳永扭转了这一局面。由于柳永有深厚的文学素养，对这些格律很严的长调，不论抒情写景，都能运用自如，这就使一般学士文人对这些民间流行歌曲不再存轻视之心，而乐于接受这种形式。如果不是柳永开风气于前，说不定苏轼、辛弃疾这些豪放派作家，还找不到这一片可以纵横驰骋的场地呢！

（二）北宋中叶到南渡

咱们现在都知道词分婉约和豪放两派，其实早在五代的时候，敦煌曲子词里边就有"生死大唐好""早晚灭狼蕃"这样的句子，也就是说最初阶段的词是刚健与柔美并存的，只是温庭筠等文人把词往花间词方向引去了，但是人不能天天温柔旖旎吧？所以花间派到了一定阶段，已经不能满足各方面的需要。

柳永把慢词局面打开之后，就有人会打破花间和婉约的清规戒律，给它拓大范围，革新内容。

这个人是谁呢？其实严格说来是一群人，就是以苏轼为首的革新派。

从苏东坡以洒脱之气入词，词就开始了形式的解放及内容的革新。一洗词的脂粉气，繁华落尽见真淳。

其实早在北宋前期的范仲淹，就写过边塞词。他可以算是豪放词的发轫者。范仲淹出身贫寒，主持过庆历新政，具有先天下之忧而忧、后天下之乐而乐的博大胸怀。词到了他这里，豪放风气才正式成为文人词的自觉创作倾向。

和范仲淹一样主持过新政的王安石，诗词创作的主张也和范仲淹不谋而合。他不但自己填具有英豪之气的词，还上升到文艺理论的高度，说：以前唱歌的人都是先有歌词，再谱曲，所以说"幸甚至哉，歌以咏志"；现在却先有曲谱，再按照谱去填词，这不是拿自己的志向去迁就曲谱嘛，本末倒置了，这哪儿成啊！

范仲淹、王安石和苏轼等人，打破了"词为艳科"的窠臼。

苏轼之于词，又如李白之于诗。

苏轼具有豪迈直爽的性格和关怀民生的政治抱负，由于他性格豪迈，不怕冲破一切网罗，开径独行。

他不满足于那种一味香软的歌词，又感觉到这个新形式大有驰骋的余地，就毫无顾虑地把这个小圈子的门限打开了。

他在范仲淹和王安石初步踏出的道路上，尽量向前发展，指出向上一路，天下耳目为之一新。

他所选的曲调，都是比较方便抒写豪情的，如《水龙吟》《念奴娇》《贺新郎》《满江红》《永遇乐》《八声甘州》等。

苏轼的词，变幻莫测，人莫能尽其妙。无意不可入，无事不可言。他可以"会挽雕弓如满月，西北望，射天狼"式的慷慨激昂，可以"莫听穿林打叶声，何妨吟啸且徐行。竹杖芒鞋轻胜马"的开朗旷达，可以"簌簌衣巾落枣花"的平易清新，可以"夜来幽梦忽还乡，小轩窗，正梳妆。相对无言，唯有泪千行。料得年年肠断处，明月夜，短松冈"的眷眷深情，还可以有"花褪残红青杏小。燕子飞时，绿水人家绕"的花明艳约。

其实，"谈笑间，樯橹灰飞烟灭"也好，"老夫聊发少年狂"也好，"一蓑烟雨任平生"也好，"人生如逆旅，我亦是行人"也好，无论怎么变化，都有一种骨子里的洒脱和不受羁绊，如蛟龙千变万化皆天机，让人莫可名状。他如行云流水初无定质，但常行于其所当行处，常止于其所不可不止时。

苏轼打破了词的清规戒律，不拘什么样的思想内容，都可以用词这种形式来表达。这样就为词注入了新生命，使它在脱离音乐之后，仍能保持它清新活泼的姿态，起到激发爱国热情和鼓舞人心的作用，而为豪杰之士所欢迎。

与苏轼同时的黄庭坚和晁补之都是跟着苏轼走的。贺铸也受他们的影响，加入了进来。贺铸因代表作"试问闲愁都几许？一川烟草，满城风絮，梅子黄时雨"。而得名"贺梅子"。

苏轼的冲击波在北宋晚期的词坛引起两种不同的反响。传统是一种巨大的惯性，他最钟爱的学生秦观还是学柳永的婉约词。秦观的词在当时的评价是："虽不识字人，亦知是天生好言语。"

北宋婉约派的另一位词主就是周邦彦。周邦彦主管着当时的国家音乐机关大晟府，作为一个大音乐家和官方高级乐官，他创作的词曲当然会具有很严格的规范性，肯定会处处留意字声，平上去入、阴阳轻重都不会错的了。他不单是婉约派的集大成者，也是格律的严格制定和遵守者，对后来的姜夔、吴文英等影响很大。不管周邦彦成就如何，不可否认的是很多人记住他是因为一个香艳的故事：有一天，周邦彦来看李师师，宋徽宗却来了，可把周邦彦吓坏了，赶紧往床底下一钻。听见宋徽宗给李师师带来了当时稀罕的水果——橙子。据说后来周邦彦根据当晚听到的话语写了一首《少年游》:"并刀如水,吴盐胜雪,纤手破新橙。锦幄初温,兽烟不断,相对坐调笙。低声问向谁行宿?城上已三更。马滑霜浓,不如休去,直是少人行。"——都夜里十二点啦,外边霜又重,路又滑,要不今儿就甭走啦。

总的来说,北宋这一时期词坛的格局变为婉约和豪放对垒,婉约派就像老柳吹绵一样漫天飞絮到处都是,占据着暂时的上风;豪放派是"栖凤枝条犹软弱,化龙形状已依稀",前途不可限量啊。那豪放词是什么时候壮大的呢?我们看——

(三) 南宋前期的壮怀激烈

北宋末年,女真族的铁骑大举南下,掠走了宋钦宗和宋徽宗,立了儿皇帝张邦昌傀儡政权……皇帝让人家掠走了,你以前听说过这样的事吗?面对这一切,哪个词人还能整日倚红偎翠,浅斟低唱?

于是,陈与义、叶梦得、朱敦儒、张孝祥、张元翰……他们不约而同地聚集在延续东坡一脉的辛弃疾和陆游的豪放旗帜下来,拨动我心爱的铜琵琶,放开关西大汉的嗓门,唱起那北伐抗战的歌谣。天平急剧地向豪放派倾斜,宋词史上最光辉的一页揭开了,这是由爱国词人用动脉中沸腾的血液写成的。

最早的爱国词人中包含好些站在抗金第一线的名臣战将,岳飞就是他们的杰出代表。"怒发冲冠,凭栏处,潇潇雨歇。抬望眼,仰天长啸。壮怀激烈,三十功名尘与土,八千里路云和月,莫等闲,白了少年头,空悲切。靖康耻,犹未雪,臣子恨,何时灭!驾长车,踏破贺兰山缺。待从头,收拾旧山河,朝天阙"。我一激动,就把岳飞的诗全打出来了。其实我也觉得大家应该再看看这首词。光昭日月气吞山河。这一腔活泼泼的鲜血，这一颗赤诚诚的心脏，那三十九岁的华年，金牌十二道和"莫须有"三个字是历史上最令人扼腕的数字了吧。怕的是冤狱成时庆偏安，那敌兵进犯后悔难！

南宋百五十年，与内忧外患相始终。国家局势的动荡对词风会产生大的影响。这种关系国家兴亡的政治社会影响反应在词中，前期基于爱国热情，表现为壮怀高唱，后期大势已去或成为亡国遗民，但有哀感低吟而已。

到现在都是才女的代名词的李清照，经历了北宋向南宋过渡的时代。这位杰出的女词人原是北宋文学家李格非的女儿，嫁给了徽宗崇宁年间宰相赵挺之第三子赵明诚，前期生活非常美满。后于汴京破后南渡，流离辗转，词情为之一变："伤心枕上三更雨……愁损北人，不惯起来听""中原盛日，闺门多暇，记得偏重三五……如今憔悴，风鬟雾鬓，怕见夜间出去……"可见政治大变动国家大动荡对于诗人的影响。

而慷慨愤世的词家当以辛弃疾为代表。辛弃疾和苏轼并称苏辛。

怒涛排空的南宋爱国词潮，辛弃疾是最高的潮头。他出生在北方沦陷区，青年时参加抗金大业，向朝廷献美芹十论，却投之以琼琚，报之以南墙，青壮年岁月被朝廷闲置二十年之久，北伐宏愿如水中花镜中月一样幻灭，他的一腔愤懑全部倒在了词里，气卷黄河酒中泄。那股浑厚苍莽之气，词也要变体才能承托了。

稼轩词的内容，是过去词家所不曾有的。内容决定形式，他所选的调子，多属于格局开张和音响悲壮的一路，像《贺新郎》《满江红》《念奴娇》《沁园春》等。

苏东坡提倡的"以诗为词"他都嫌束缚，他干脆以文为词，进一步解放了词体，散文句法也在词中通行了。拆了木屋做篱笆，从此一望无际的景色都可以尽收眼底了。又由于他在南宋的投降派中动辄得咎，很多复杂的情感过激的言辞不方便直接吐露，还因为他饱读诗书，学养精深，所以在词中大量用典，经史子集的典故信手拈来，这在扩大了词的意蕴和艺术张力的时候，也给学问没那么高的后来人造成了一些鉴赏障碍。

和辛弃疾同时代比辛弃疾年龄大点的陆游就完全没有这方面的不便啦。陆游不但是南宋爱国诗人，也是南宋爱国词人。陆游的诗比较金戈铁马，比较"楼船夜雪瓜洲度，铁马秋风大散关"，可是他的词，却是"零落成尘碾做泥，只有香如故"的。这个区别有点像欧阳修对待诗词的不同态度。

估计陆游词的低沉哀感和他早年的生活经历有关，他和唐婉的爱情悲剧在《钗头凤》里表露的明明白白，那过去与之琴瑟和谐的唐婉也是个才女，跟李清照早期差不多。

（四）晚宋的哀感低吟

话说高宗赵构从汴梁搬家到杭州后，除了孝宗朝，南宋其他王朝基本上都延续了"山外青山楼外楼，西湖歌舞几时休？暖风熏得游人醉，直把杭州作汴州"的传统。在这样的环境下，南宋后期的诗坛上结出了两个格律派的硕果——吴文英和姜夔。他们精通音乐，填词格律谨严，措辞高雅，延续了北宋周邦彦的风格。

南宋末年，亡国之祸迫近在眼前，一些爱国诗词家，他们继承豪放派的传统，奔走呼号，以期拯救濒亡的赵宋王朝。

这时候，有一个人不能不提。这人就是文天祥。他是宋末状元，字宋瑞，他虽然没有改变南宋灭亡的结局，但是他孤军抗元，被俘后从容就义，留下千古传诵的《正气歌》和一首《酹江月》词："镜里朱颜都变尽，只有丹心难灭！"

蒙古铁骑南下，宋王朝覆灭。刘辰翁，蒋捷，周密等皆痛遭神州陆沉，入元后隐居不再当官，保持了民族气节，他们写的哀伤亡国的词，语调苍凉，旨意明显；夕阳衰柳，但余蝉曳余声了。还有王沂孙、张炎，他们虽然苟全性命于新朝，但诗词中间常常流露出对故国的思念和对亡国的哀痛，张炎是见过临安全盛时期的贵公子，南宋灭亡后给人算卦挣生活费，又是跟曹雪芹遭遇差不多的一个人，他的词："东风且伴蔷薇住，到蔷薇，春已堪怜……莫开帘，怕见飞花，怕听啼鹃。"都是词情悲苦。蒋捷的《虞美人·少年听雨歌楼上》："少年听雨歌楼上，红烛昏罗帐。壮年听雨客舟中，江阔云低，断雁叫西风。而今听雨僧庐下，鬓已星星也。悲欢离合总无情，一任阶前点滴到天明。"和汪元量的《莺啼序·重过金陵》皆是怀念故国，感慨平生。

辽金诗词

大家都知道，宋朝是个外患非常严重的王朝。而这个外患，刚开始的时候几乎都是来自辽国和金国。辽金都是游牧民族建立的国家，入主中原以后，大量吸纳和学习汉文化，在金统治的汉族人中，也有为数不少的诗词作家。

在金的后期，诗词创作上更呈现一种弃宋宗唐的倾向，代表作家有党怀英、周昂、王庭筠、和元好问。

而辽国的诗人，只有辽道宗（昨夜得卿黄菊赋，碎剪金英填作句。袖中犹觉有余香，冷落西风吹不去）和他的皇后萧观音比较出色。

不过，很遗憾的是，正好有人抓住了萧观音文学水平很厉害的这一点，制造了皇后给宫廷乐师写情诗的绯闻，使得辽道宗杀了皇后萧观音。

第五节　元曲和元诗词

元曲

散曲起源于金、元间普遍流行的小调，又叫清唱，这是相对于丝竹喧天、有动作有对白的杂剧来说的。

散曲的体制和词大体相同，不过用的是新兴的曲调而已。

散曲一般分为小令和套数两种。

单作一支小曲，叫作小令。

连用几个同一个宫调的曲牌，组成一套，就叫作套数或散套。这好比说一个福娃晶晶，一个海宝，一个咪兔，都是一首小令；而一套五个福娃，就是一组套数。

这些小令、套数都是用新兴的曲牌，和唐宋的词牌不一样。时代不同，每个时间段流行的东西自然是不一样的。这些曲牌都是金元时期皇城根儿地界流行的小曲，人们都跟着传唱，就好像80年代大家争相传唱粤语歌一样。

到蒙古族统一了中国以后，元代统治者执行民族歧视政策，尤其压迫南方汉族知识分子，还废除了从隋唐以来的科举取士制度，广大的知识分子失去了进身之路，民族矛盾尖锐，政治环境黑暗，这样一个时代的作品表现出来的思想感情，总是消极玩世的多。

元代的散曲作家都推重张可久、乔吉和张养浩。张养浩有一阕

《山坡羊》"峰峦如聚，波涛如怒，山河表里潼关路。望西都，意踌躇。伤心秦汉经行处，宫阙万间都做了土。兴，百姓苦；亡，百姓苦！"结尾八个字，说尽了几千年来劳动人民的生活状况："兴，百姓苦；亡，百姓苦。"

关汉卿是最伟大的现实主义杂剧家，他的散曲也十分可观。他有一套自传式的《南吕·一枝花·不伏老》写得异常泼辣飞动："我是个蒸不烂、煮不熟、捶不匾、炒不爆、响珰珰一粒铜豌豆，恁子弟每谁教你钻入他锄不断、斫不下、解不开、顿不脱慢腾腾千层锦套头？我玩的是梁园月，饮的是东京酒；赏的是洛阳花，攀的是章台柳。我也会围棋、会蹴鞠、会打围、会插科、会歌舞、会吹弹、会咽作、会吟诗、会双陆。你便是落了我牙、歪了我嘴、瘸了我腿、折了我手，天赐与我这几般儿歹症候，尚兀自不肯休。则除是阎王亲自唤，神鬼自来勾，三魂归地府，七魄丧冥幽，天那，那其间才不向烟花路儿上走。"这些作品，描写了一个勾栏艺术家的生活境遇，抒发了一个平民戏剧家的抱负：不怕压迫折挠，奋战不息，至死方休。这些堂堂正正的思想与抱负，是用极俏皮诙谐、佯狂玩世的文字来表现的，真是神韵独具，妙趣横生，活脱脱显现了一个多才多艺的戏剧家的韧性战斗精神。

马致远是大都（今北京）人，元杂剧四大家之一。他的《天净沙·秋思》（枯藤老树昏鸦，小桥流水人家）用几个萧瑟的景物一叠加，创造的意境甚至能和对王维那个评语"诗中有画，画中有诗"相提并论。现在一说列锦的手法，不少书都会拿这个举例子。

元人的散曲，是宋词的替身。因为每一个曲牌，都只是短短几句，使人感到它的轻松灵巧，而且作者可以自由地添上衬字，就容易显得活泼有趣，不会感到呆板无聊。

那你要问了，词里边不单有小令，还有慢词呢。慢词长，你有点长话想说就能写慢词，元曲光小令，能行吗？长话短说吗？

无须担心，要是有长话想说，就可以用同一宫调的曲牌，多写几支组成散套，就可以尽情抒写心里要说的感情和故事了。就像你的东西一个盒子装不下，用那种一系列的盒子装，是一个品牌（宫调）的就成。

杂剧

说完了散曲，我们来说说元曲里边另一项内容，杂剧。

"杂剧"的名称，在北宋的时候就有了。

宋朝的杂剧有点类似于现在的小品，有各种不同的角色担任表演，还有音乐伴奏，讲的也是各种滑稽的笑话。

发展到元杂剧，已经有了一定的体式和一定的曲调。每一个剧本，通常都是四折，每一折使用同一宫调的曲牌 N 支，成为一个整套，韵脚也要用同一个韵部的。

杂剧的构成，有动作，叫"科"。有道白，俩人对话叫"宾白"，一个人自言自语叫"白"。有歌唱，整个剧本的重点在唱。这跟现在的戏曲是一样的。

元代统治者把掌握知识的读书人放在几乎是最低贱的第九等，这不免激起广泛的抵抗情绪。借着历史故事来暗讽时务、反映民族矛盾和阶级矛盾的种种现状是蓬勃发展的元代杂剧的主要内容。

由于元统治者歧视知识分子，又断了他们科举这一进身之路，聪明才智之士抑郁无聊，只好转移目标，与勾栏中人打交道，或者索性加入那些勾栏中人组织的书会，类似于现在的小剧场。那时候演员就是优伶，一般都是在勾栏演出。

那些读书人就当了这类小剧场的编剧，作为一种谋生的方法。这样，历来为统治阶级服务的士人，过去"学成文武艺，卖给帝王家"的读书人，不得不放下架子，深入群众，学习群众语言，创作崭新的文学形式。杂剧，就是在这种环境下成长和发展起来的。

元代杂剧大致分两个时期。第一时期属于蒙古时代，也就是从蒙古军入侵中原到统一全国的初期。这一时期的作家，包括关汉卿、王实甫、马致远等诸多杰出作家。这些人几乎都是大都（北京）人，就把大都语言作为标准语言。周德清的《中原音韵》就是根据这些初期作家的作品，加以归纳来定十九部韵的。

南宋灭亡以后，北方很多作家也跟着他们的服务对象移居临安，就是现在的浙江杭州，南方作家也骤然大盛。代表人物宫天挺、郑光祖、乔吉。

关汉卿是元杂剧的首要作家。他不单写剧本，自己也客串角色友情演出。我们根据他写的那一套自传性的散套《不伏老》来判断，他不单是个专业的剧作家，还身兼导演和演员。单就现存的作品来看，它们有的写历史故事，像《单刀会》《西蜀梦》；有的写男女风情，比如《谢天香》《拜月亭》；有的是写当时的社会和阶级矛盾，像《窦娥冤》《救风尘》《望江亭》。最后一种最富于现实主义精神，成就也最大。

关汉卿在我国文学史和世界文坛上的地位，已经是肯定的了，其他选择历史故事题材的，白朴的《梧桐雨》和马致远的《汉宫秋》也是久负盛名的。《梧桐雨》写的是唐明皇和杨贵妃的故事，替洪昇的《长生殿》打下了基础。王实甫的《西厢记》在元人杂剧里边，是规模最大的一个剧本，一直盛行了好几百年，影响到各地方剧种和说唱文学。

郑光祖是第二时期的作家，他和关汉卿、马致远、白朴并称"元曲四大家"。

元杂剧作家多采集人民的口头语，把群众的语言略加提炼，让它们更抑扬顿挫，符合节奏，并且当时杂剧的表现内容也都是老百姓的故事，悲欢离合，爱恨情仇，这就有天然的亲和力，广大人民阶层喜闻乐见。杂剧的兴盛，也就在情理之中啦。

元诗词

大家都知道，元曲是当时的主流。那么这时候的诗词是不是已经靠边站了？没有！大多数知识分子还是把戏曲小说看作小道，诗歌散文才是王道。

上一节说宋诗的主要特点是重理智而轻感情。重理智的结果，就常常要把那些强烈感动自己的东西掩盖起来，让理智去战胜情感,淡化情感。但是诗歌创作却是需要丰沛的感情的。感情像流水,越压抑越汹涌,到了元代,就要把诗词中被压抑的自我给解放出来,把丧失了的自我找回来。

南宋的时候程朱理学充斥着人们的思想,存天理灭人欲的道德修养目标就像给人的感情上了一道闸门。而元代,知识分子地位低下得都到十八层地狱里边了,从原来的万般皆下品唯有读书高,到现在这般境况,读书人难免破罐子破摔,放浪形骸纵情山水,真有点礼崩乐坏的味道。诗词创作还管什么天理地理道理,人欲就占了上风。

其实在蒙古灭金之前,诗歌创作中就已经出现了弃宋宗唐的倾向。南宋统治区出现了诗歌创作回归到唐代的呼声,主张回到唐朝乃至汉魏。这种风气愈演愈烈,到元代的时候,对宋诗的反对成了元诗的主流。

明代的李东阳评价说,宋诗深,却距唐远;元诗浅,却距唐近。

元朝的诗人心里想什么就写什么,不压抑自己,所以元诗很清纯,甚至有点单一。它最大的贡献就是把诗歌从重理智轻感情的道路上拉了回来。

元代前期的诗人,在北方主要有耶律楚材、刘因、郝经,南方有赵子昂、戴元表、虞集、杨载、范梈、揭傒斯等。元代后期重要的诗人有萨都刺、王冕、杨维桢、倪瓒。(注意,这里面有很多大画家,如赵子昂、王冕和倪瓒,画都是极好的极好的。)

而词因为基本都被元曲替代,难以找到专门写词的作家。

元初的诗歌尚号呼,把宋诗的不重感情到太重感情,有点矫枉过正。到了元末的时候，诗歌发展到在重感情的前提下追求艺术的提高。最有代表性的人物就是杨维桢和萨都剌。元朝是少数民族政权，少数民族诗人也很多。萨都剌就是少数民族，从他的名字就看出来了。萨都剌写的都有啥啊……我去查查。呃，这就能看出元代诗词确实不普及，要查找资料才能知道写过啥作品了，不能张口就来了。

　　杨维桢的作品虽然要查资料，但是确实写得不错。像《鸿门会》："天迷关，地迷户，东龙白日西龙雨……将军呼龙将客走，石破青天撞玉斗。"这样的诗才是读史的好诗。像张宪的："披帏壮士发指冠，侧盾当筵请公舞。白发老臣心独苦，玉玦三看君不语。"正好当了咏史诗的反面教材：史书写过的东西你还总结叙述一遍干吗啊，我用你啊？不如去看司马迁的《史记》好了，描写还更细致生动呢。读史的诗就该像杨维桢的那样从天下大势出发，撇开具体事物和语言，刻画风云变幻，这才有读史书没有的美感。

第六节　明清诗词

明清的诗词，不论是比之唐诗的情韵，还是宋代的气骨，都远不能及，这已经是共识了。

明朝朱元璋是正宗的底层出身当了皇帝的，比刘邦还更励志。我记得有一首诗写刘邦的："世间快意宁有此？亭长还乡作天子。"那朱元璋不更要说了嘛：真真是应了陈涉说的王侯将相宁有种乎！他从小受的教育就莫提了。不过很奇怪的，帝王写诗吧，尤其是开国皇帝写诗，气魄都很大的，像刘邦写"大风起兮云飞扬"，李世民写"一朝辞此地，四海遂为家"，朱元璋写"等闲推出扶桑日，社稷山河在眼前"。按说刘邦和朱元璋受的教育都不多呀。估计是多大的心胸干多大的事，气魄大了自然就从诗里表露出来。

明初的时候，宋濂、刘基、高启敢于反映社会现实，敢于直面这扯淡的人生，写了不少好诗文。史称"明初三大家"。

不过高启因《题画诗》影射宫闱丑闻，被朱元璋杀了，还是残酷的腰斩。然后呢，燕王朱棣几乎杀光了当时的文臣。因为当时的文臣士大夫誓死效忠的是建文帝朱允炆。他灭了方孝孺十族，把他的学生也算作一族。这样一搞，"天下的读书种子快死绝了"。

由于当时对正直的文人实行残酷的恐怖统治，于是文坛上兴起了一片歌功皇权颂德王朝的声音—台阁体，这些人以杨士奇、杨荣、杨溥为代表，合称"三杨"。他们的诗文四平八稳，典雅工丽，诗词里边鲜少见到个人感情。"台阁体"的生命力不强——哪个缺乏真情实感的文学形式生命力都不强。

到了明中期，出现了以李东阳为首的茶陵派；以李梦阳、何景明为首的"前七子"——其余五人为徐祯卿、边贡、康海（号对山，陕西人，明朝状元，戏剧家，壮大了秦腔。李梦阳落难时他慷慨相救，而他落难时李梦阳袖手旁观，因此觉得人心险恶，退出官场，著有戏曲《中山狼》，影响一时。有人认为是讽刺李梦阳的作品）、王九思及王廷相；以王世贞、李攀龙为首的"后七子"，其余五人是谢榛、宗臣、梁有誉、徐中行和吴国伦。他们声势浩大地提出复古的口号，廓清了"台阁体"的影响。

这里的复古运动又提倡感情重于理智。嗜，这理智与情感简直在拉大锯，看来不但人的内心经常进行理智与感情的交战，连诗词也是。不是东风压倒西风，就是西风压倒东风。

反正，明朝的诗词在复古和反复古的拉锯中缓慢成长，这时候，倒是以唐寅为首的"吴中四才子"（其余三人是祝允明、文徵明、徐祯卿）写出了不少声情并茂的诗文。唐寅的诗词都很口语化："别人笑我太疯癫，我笑他人看不穿。不见武林豪杰墓，无花无酒锄作田。"

在理智与感情的交战中，袁宏道提出了"性灵说"，主张诗歌从人的本性出发，人都不要受教育了，因为教育会扭转人的本来想法，越自然越童真越好。人接受的闻见知识会覆盖天性。提倡"复归于婴儿"。

明朝后期，和后金的战争越来越成为明朝最严重的事情，这自然会在文学上有很清晰的反映，这一时间出现很多关心民瘼，反对异族侵略的诗人，如陈子龙、夏完淳、张煌言，他们的诗歌因为胸中舍弃了小我，放眼天下民生疾苦，因而风格慷慨悲壮，沉郁苍凉，史称"云间派"。

清代初年，大家都知道，清朝是元朝以后又一个少数民族入主中原的时代。

那许多的文人学士都是从明代过来的，不屈服的诗人，他们的诗文往往流露出亡国的苦痛和对前明的追缅；当时的诗风和词风也变为绵邈凄恻，题材也饱含亡国之痛、故国之思。当时活跃在文坛的夏完淳后因抗清被杀。而做了贰臣的文人，诗文里面也免不了出现做了贰臣的愧疚。这时候诗坛的代表人物是江左三大家：钱谦益，吴伟业，龚鼎孳。

由于清朝严酷的文字狱，诗词要避谈时事，后来，王士禛、朱彝尊、查慎行等鼓吹"神韵说"，主张避开现实，追求一种清新淡远的境界，在当时有一定影响。

清词发展中期，是清诗词的盛期，大致在康熙到嘉庆年间。这一时期，有陈维崧为代表的阳羡词派，有朱彝尊为代表的浙西词派和出现比较晚的以张惠言、周济为代表的常州词派等。

活动在康熙时期的著名词人还有纳兰性德、王世贞、曹贞吉、顾贞观等。王世贞的作品注重神韵,顾贞观的词则以情韵见长。纳兰性德的词可以追溯到李后主,真切自然,缠绵婉丽,内容多写个人的忧愁和哀伤。如"人生若只如初见,何事秋风悲画扇!等闲变却故人心,却道故人心易变,若似月轮终皎洁,不辞辛苦为卿热",在百年之后的现在又被翻出来成了当今许多人的心头好。但纳兰也有一些较为豪爽旷达的词,如"大笑拂衣归矣,如斯者古今能几?向天下名花美酒拼沉醉,天下事,公等在"。

诗人郑燮经历了康熙雍正乾隆三朝。一直作一些县令之类的小官,写了很多心系百姓疾苦的诗作:"衙斋卧听萧萧竹,疑是民间疾苦声。些小吾曹州县吏,一枝一叶总关情。"

清朝黄景仁的诗成就也比较突出,宗李商隐。"似此星辰非昨夜,为谁风露立中宵。""三五年时三五月,可怜杯酒不曾消。""四年书剑滞燕京,每到秋来百感频。"这个黄景仁,因为穷愁潦倒,诗词更加的深沉凄苦,缠绵悱恻,一种打动到人骨子里的凄然和婉转,极易打动人,他那两句"十有九人堪白眼,百无一用是书生",引读书人一声长叹!

清词发展的后期,也就是从嘉庆、道光、咸丰至清朝结束的时期。这一时期郑文焯、王鹏运、朱祖谋和况周颐号称清季四大家。比较有名的诗人还有邓廷桢、林则徐、蒋春霖等。

项廷纪和蒋春霖是清中后期比较有影响的词家,他们和纳兰容若被称为清词的三鼎足。蒋春霖是状元,林则徐和邓廷桢均是朝廷柱石,属于士大夫诗词范畴。

鸦片战争前后，爱国诗人龚自珍、魏源最为突出。龚自珍的《己亥杂诗》和《秋心三首》（秋心如海复如潮，但有秋魂不可招。漠漠郁金香在臂，亭亭古玉佩当腰。气寒西北何人剑，声满东南几处箫。斗大明星烂无数，长天一月坠林梢），脍炙人口，流传范围很广。

清末的时候，黄遵宪、陈三立、文廷式、谭嗣同等一批民主思想家和革命先驱们的诗词都表现了变革社会的理想和要求，也反映了当时国家的贫弱和苦难。

清朝的时候，还有不少女词人，也值得关注，其中的佼佼者有徐灿、顾贞立、熊琏、吴藻、贺双卿、顾春、秋瑾等人。秋瑾也是革命家，词作属豪放一派格局。

纵观清一代诗词，发扬了诗歌现实主义的传统，广阔而丰富的展现了清朝二百三十余年间的社会现实：明清易代翻天覆地的变化，清朝诡谲不测的政坛风云，初步平定安稳的康乾盛世和嘉庆道光后频仍的外侮和遍地的烽火，都在诗词里有详实的反映。从这方面来看，诗词已经成了展示清朝变迁更迭风俗世态的历史书。

另外，清朝词学研究繁盛，论诗论词之作层出不穷，其中比较著名的有：

属于律、调方面的万树的《词律》、王奕清等的《钦定词谱》、戈载的《词林正韵》等；

属于选本类的有朱彝尊的《词综》、张惠言的《词选》、周济的《宋四家词》、谭献的《箧中词》等；

属于诗话词话类的有何文焕的《历代诗话》、沈雄的《柳塘词话》、毛奇龄的《西河词话》、王夫之的《姜斋诗话》、沈德潜的《说诗晬语》、郭麟的《灵芬馆词话》、刘体仁的《七颂堂词译》、彭孙遹的《金粟词话》、吴衡照的《莲子居词话》、宋翔凤的《乐府余论》、陈廷焯的《白雨斋词话》、况周颐的《蕙风词话》、刘熙载的《艺概》和王国维的《人间词话》等。

这些诗词类著作,或就填词常识、技巧独抒己见;或对历代诗人、词人及其作品议论品评,大到流派得失,微至一字一韵,都有精辟的见解。而这些品评又对诗词的创作起到引导或推波助澜的作用。

像《词韵》《词律》《钦定词谱》《诗韵合璧》这些书,就是在现在,也是填词的必备工具书。

第二章　近体诗的格律

诗歌是有意识的对语言进行凝练和雕琢，有其发展和成熟后固定的体式，大致分为以下几种：

古体诗

（一）乐府

乐府这个名词从秦朝就开始出现了，原为古代音乐官署名称，负责掌管朝会宴飨、道路游行时所用的音乐，兼采民间诗歌和乐曲。西汉时期，民歌的发展比较突出，其中有不少民歌被乐府收集起来，配合民间的音乐舞蹈进行歌唱，称为"乐府"。后来文人模仿乐府写的不合乐的长篇叙事诗也称为乐府诗，比如白居易等发起的"新乐府运动"。

（二）歌行

"歌"和"行"都是乐曲的意思。就像"美"是好看，"丽"也是好看一样。合称歌行体。是汉魏以来由乐府诗发展的一种诗歌形式，韵律比较自由，诗句参差不齐，常见杂言。

这个歌行体蛮好辨认的，因为题目里一般会带有"歌""行""吟"这种字样，如"大风歌""垓下歌""十五从军行""短歌行""蒿里行""梦游天姥吟留别""兵车行""茅屋为秋风所破歌""长恨歌""琵琶行"等。

古体诗这种称呼是相对于后来格律严格的近体诗而言的。符合格律的诗称"近体诗"，格律形成之前的诗如乐府、歌行等和后人有意识创作的古风均为古体诗。古体诗不要求对仗，平仄和用韵也比较自由，没有近体诗那么多的格律限制，讲究的是那一气呵成，气卷黄河酒中泄的气势。

说到这里我想提句题外话，因为古体诗不像近体诗那么注重格律，很多人刚开始写的东西，因为力有不逮，进不了格律的框架，就说自己写的是古风，这种认知是不对的。事实上古风的门槛还要更高。虽然格律上不太严格了，但此有一消，彼必有一长，所以古风对全诗的气脉和作者的笔力要求就更高。这就好比说，近体诗是修饰打扮后会很好看的姑娘，古体诗是"粗服蓬头不掩国色"的。其中高下，便自不待言了。今人多有能作近体，且不乏佳制，好的古风你见几篇来？为什么唐朝人多见古风，而宋及以后就鲜见了？自是因为古风气度要求更加高严华妙，而不是不入律的便称"古风"。

近体诗

近体诗又称今体诗,是律诗和绝句的统称。

近体诗句数、字数和平仄、韵脚都有严格规定。

(一)律诗

近体诗的一种,因为格律严格,所以叫律诗。起源于南北朝,成熟于唐初。律诗一般有八句,多了叫排律,少了叫截句,也叫绝句。主要有五言律诗和七言律诗两类,另有小律(六句)和长律(排律)以及六言律诗,这几个不常见。

律诗一般都是八句,两句为一联,共四联。第一联叫首联,第二联叫颔联,第三联叫颈联,第四联叫尾联。

律诗中间两联一般要求对仗,其他两联不作要求。举个例子:

《绮怀》 [清] 黄仲则

几回花下坐吹箫,银汉红墙入望遥。(首联)

似此星辰非昨夜,为谁风露立中宵。(颔联对仗)

缠绵思尽抽残茧,宛转心伤剥后蕉。(颈联对仗)

三五年时三五月,可怜杯酒不曾消。(尾联)

(二)近体诗绝句

绝句是四句,为律诗的一半。也以五言七言为主。平仄和押韵都有一定限制。在对仗方面不作要求。

(三)排律

按照律诗的格律加以铺排延长,少则十句,多的有一百多句的,叫排律。除了首联和尾联以外,中间每一联都要求对仗。

古体诗与近体诗的区别

一是近体诗对平仄有严格要求,讲黏对,不能失对,一般也不能失黏,古体诗对平仄没有这些要求。

二是篇幅上,绝句四句,律诗八句,古体诗没有篇幅的限制。

三是律诗一韵到底,除了第一句外,不可换韵;古体诗可以一韵到底、也可以换韵。

四是律诗有对仗限制,而古体诗在对仗上也是自由的,如果用了对仗,也只是一种修辞方法,不是格律上的要求。

五是律诗每句的字数长度相同,一般是五言七言,没有杂言;而古体诗虽然不是自由诗,但形式上比律诗自由的多,虽也多以五言七言为主,但是会有长短不一的杂言,比如李白的《蜀道难》:"噫吁嚱,危乎高哉!蜀道之难,难于上青天!""上有六龙回日之高标,下有冲波逆折之回川。"杜甫的《兵车行》:"车辚辚,马萧萧,行人弓箭各在腰。爷娘妻子走相送,尘埃不见咸阳桥。"

第一节　格律诗的格律要求

"格律"都包括哪些元素？

什么是平仄？

是什么黏对？什么叫失黏？什么叫失对？

诗病都有什么？

三平尾、平头、孤平、拗句，都错在哪里？

拗救是什么，能救所有的诗病吗？

带着上面的疑惑，我们来进行这一章节的阅读。

格律的形成

　　格律诗的形成分为两个时期，一是萌芽期，二是定型期。两汉时期及其以前的诗歌也含有律化的某些因素，从东汉末至晋、宋（刘宋时期），是诗体走向规范格律化的萌发期。

　　齐梁之际，是近体诗的尝试和过渡期。当时沈约写了《四声谱》，还提出了诗的"四声"和"八病"说，另一位谢朓在写诗中有意识的运用对仗的方法，创作了许多对仗方面的上乘佳句，如："余霞散成绮，澄江静如练。""喧鸟覆春洲，杂英满芳甸。"这种尝试在完成诗体的对仗方面也起到了一定作用。当时的永明体标志着古体诗开始向近体诗过渡。

格律诗的定型期可分为三个阶段。

第一阶段是唐初期的贞观时期。一方面李世民和他的宫廷诗人沿袭梁陈宫体诗的余风，吟咏唱和；另一方面王勃的叔祖父王绩，成功的创作了第一批严整合律而又生气自然的五言诗，是近体诗良好的开端。

第二阶段是高宗时期，以宰相上官仪为首的宫廷诗坛风行雕句绘章的"上官体"，上官仪特别注重对仗，对律诗的定型起了很多的促进作用。

第三阶段是武则天时期。杜审言工于五律，对近体诗之形成与发展，颇有贡献，一般认为杜审言是五律的奠基。他的《和晋陵陆丞早春游望》"独有宦游人，偏惊物候新。云霞出海曙，梅柳渡江春。淑气催黄鸟，晴光转绿蘋。忽闻歌古调，归思欲沾巾。"被明朝的胡应麟赞许为初唐五律第一。

初唐四杰王勃、杨炯、卢照邻、骆宾王等人也写出了很多"典丽凝重、骨气翩翩"的诗篇，稳固了这种基础。当时的沈佺期、宋之问等人在前人的基础上进行了系统的归纳和整理，总结了数百年间诗人苦心探索的经验，规避声病，约句准篇，制成律体的范式。

这一时期在五言律诗成熟的基础上又兴起七言律诗，有一些初期的七言律诗的创作。如宋之问的七律《三阳宫侍宴》"离宫秘苑胜瀛洲，别有仙人洞壑幽。岩边树色含风冷，石上泉声带雨秋。鸟向歌筵来度曲，云依帐殿结为楼。 微臣昔忝方明御，今日还陪八骏游。"沈佺期的七律《古意呈补阙乔知之》"卢家少妇郁金堂，海燕双栖玳瑁梁。九月寒砧催木叶，十年征戍忆辽阳。白狼河北音书断，丹凤城南秋夜长。谁谓含愁独不见，更教明月照流黄。"但七言律诗的最终完成是杜甫时期。至此，完全成熟的"唐人气派"的格律诗开始在诗坛盛行，历经千年而不衰。

格律诗的要求

所谓格律，是指创作韵文所要遵循的格式和韵律，各种韵文都有特定的格律，比如近体诗有诗律，词有词谱，曲有曲谱。

格律至唐代成熟，主要内容包括两个方面，一是平仄规律为声律；二是押韵为韵律。

声律和韵律合称格律。

其规则主要是：

（一）相同。指一个音步内两个音节的平仄相同。

解释下："平平"为一个音步，"仄仄"也是一个音步。"平"是"平平"音步中的一个音节，那么"平平"就是上面所说的一个"音步"中两个"音节"的平仄相同。

（二）相异。指平音步和仄音步相异。"平平"就是平音步，"仄仄"就是仄音步。

（三）相对。指上下句平仄和结构要相对。

（四）相黏。指上联对句与下联出句平仄相同。这主要是指前面的音步平仄相同，特别是偶数字位，三字尾不全一样，比如"仄仄—仄—平平"黏的可能是"仄仄—平平—仄"，尾字相反。

（五）相应。指韵脚字位置对应的须是同一韵部的字。

（六）对仗方面也有固定的要求。

具体来说，格律包括篇体结构、句式、字数、音韵、平仄、对仗等。在创作中，篇体、句式、字数都比较容易把握。有时候我们说某人写诗只有字数是对的……可能就是因为这些比较好把握吧。

纵观一千多年的诗歌发展史，诗歌盛行于世的篇体和句式是比较集中的，格律诗是四句的绝句和八句的律诗和词为主；句式上以五言七言为主要句式。那么，篇体、字数、句数等问题就不再讨论，重点对平仄、押韵、对仗等方面的问题进行讨论。

诗歌的格律重点也就是在平仄、押韵和对仗这三个方面。

下面我们先来看一个比较重要的方面：平仄。

第二节 平仄

平与仄，是汉字声调的两大类型。是由吐字发音的高低、长短、升降、缓急不同而形成。

讲究平仄，是格律诗的文体特征。

诗词因为要求平仄互替，就形成了抑扬顿挫、高高低低的韵律美，犹如大珠小珠落玉盘。

在诗词的写作中，平仄的规则非常重要，没有平仄就没有诗词格律："律诗之作，用字平仄，世固有定体，众共守之。"

古代汉语有四个声调：平、上、去、入。

平，指的是平声，而仄，就是"上、去、入"三声。

古代的平仄和现在的平仄有很多不一样的地方，所以有时候我们读古人的诗词，如果按现代的读音来读的话，会惊呼很多根本不合乎格律呀。其实那是因为古今读音发生了变化。

现代汉语把平仄简化了，就说一声二声是平，三声四声是仄。

这样基本上能分清楚大多数汉字的平仄，但是在写诗的时候，不能就说声调读一声二声的就是平声字，读三声四声的就是仄声字。

因为古代的四声归入现代的四声的时候，把很多"上声""去声"和"入声"字归入了一声二声。随便举个例子：石头的"石"，在现在读二声，如果按现代声调来读似乎是平声字，但是"石"字在古代是入声字，属于入声十一陌的韵部，是仄声。再看，光入声十一陌的韵部里面就有很多按现在来读是一声二声的字，比如：白、石、泽、伯、宅、席、籍、格、积、夕、革、脊、翮、屐、隔、核、责、惜、择、摘、瘠、鬲、骼、舶、珀、拆、蜴、帼、蝈……

而这些，都是仄声。

所以，我们在分清楚平仄的道路上任重道远。

好在古仄今平字还是有一些规律的，归纳起来，有看声母和韵母两种方法。

一、看声母分辨古仄今平字。

（一）凡是 b、d、g、j、zh、z 六个声母的阳平声（二声）字，全是入声字。如：

b：拔跋白帛薄孛别鳖脖柏伯勃渤驳

d：答达得笛敌嫡跌迭叠蝶碟读独牍毒夺铎掇渎

g：格阁蛤革隔膈葛国馘

j：及级极吉急击棘即疾集籍夹嚼洁结劫杰桀竭节捷局菊掬鞠橘决诀掘角厥橛蹶觉绝

zh：扎札铡宅翟著折哲蜇轴竺烛筑逐酌镯琢濯啄拙直值殖执侄职

z：择杂凿则责贼足卒族昨

（二）凡是声母 d、z 跟韵母 e 连用时，不论普通话何声调，都是古入声字（因为三声四声现在也为仄音，则只举古仄今平为例）。

例如：

d：得德

z：则泽择责啧赜簀笮迮舴

（三）凡是声母 zh、ch、sh 与韵母 uo 结合时，不论普通话读何种声调，都是古入声字。如：

zhuo：桌捉涿著酌灼浊镯琢诼啄濯擢卓焯倬棹拙茁斫浞鷟梲

chuo：戳

shuo：说

（四）凡是声母 b、p、d 和韵母 ie 结合时，不论普通话读何声调，皆古时入声字。例如

bie：憋鳖别

pie：撇瞥

die：碟蝶喋蝶堞牒鲽蹀跌迭昳垤叠

tie：帖贴怗

（五）凡是声母 h、t、z 四个与 ei 结合时，不论普通话读什么声调，都是古代入声字。如：

hei：黑嘿

tei：忒

zei：贼

（六）凡是声母 f 和韵母 a、o 结合时，不论普通话读什么声调，都是古代入声字。如：

fa：发伐乏筏阀罚

fo：佛坲仏

二、看韵母分辨古仄今平字。

（一）韵母【a】派入平声的古仄声字：八捌擦拔跋察插鍤妲笪答瘩耷哒搭嗒褡乏伐阀罚轧闸发筏耷戛（戛 gā 纳）嘎拉垃邋杀撒刹煞塌鸭压押扎匣呷札铡杂

（二）韵母【ia】派入平声的古仄声字：夹瞎呷掐颊荚郏铗戛（戛 jiá 然而止）匣狎侠峡辖黠浃

（三）韵母【ua】派入平声的古仄声字：刮刷滑猾划

（四）韵母【o】派入平声的古仄声字：拨钵剥泊泼鹁跛铂柏勃馞脖渤搏箔膊薄礴佛伯驳帛舶

（五）韵母【uo】派入平声的古仄声字：撮咄掇郭蝈豁捋说缩脱夺度铎国掴帼虢活灼苗卓斫酌浞着啄镯擢濯捉拙卓焯涿作琢昨

（六）韵母【e】派入平声的古仄声字：额革格隔嗝骼劾阁核翮疙鸽割搁喝磕瞌阁葛蛤合涸盒貉曷阖壳噎折蜇德得舌折责则择啧帻舴簀辄蜇谪摺磔辙哲

（七）韵母【ie】派入平声的古仄声字：瘪憋鳖碟别迭谍堞喋鲝鲽叠蝶蹀子劫杰拮洁桔捷偈睫桀婕截碣羯节疖接秸揭捏撇瞥切贴帖楔歇蝎叶协胁挟颉结撷缬

（八）韵母【ue】派入平声的古仄声字：撅缺阙削薛曰约绝蕨蹶矍决诀抉角觉珏倔崛厥撅谲獗噱爵矍嚼爝穴学踅

（九）韵母【i】派入平声的古仄声字：逼鼻吃失虱嘀滴狄迪获敌涤籴笛翟涤嫡镝笈级籍圾积极吉汲即诘佶亟笈急疾棘殛戟蒺辑

嵴嫉瘠脊唧屐击楫激七柒戚漆劈噼霹踢拾十石实识食蚀湿淅惜晰翕锡蜥熄夕吸汐昔析悉习希袭媳檄歙蟋壹揖只汁织职执直侄值植殖絷跖踯

（十）韵母【ei】派入平声的古仄声字：虿黑贼

（十一）韵母【u】派入平声的古仄声字：出督忽惚哭窟扑噗叔菽淑秃屋鞠掬锔蛐戌独弗拂镞毒渎椟犊黩倏髑佛拂伏苻茯秫绂匐服幅辐囫斛縠璞濮孰赎熟俗竹竺逐烛舳卒族局桔菊曲读犊

（十二）韵母【ai】派入平声的古仄声字：拍摘拆白宅

除了记声母、韵母，还有一个方法能在写诗的时候分清楚平仄：如果你想用一个字，现代读音是一声二声，而你拿不准它到底是平还是仄，这时候你可以动用你平时诗词的储备，比如"足"字，看看"足"字一般出现在诗词的什么地方，快速回忆一下带这个字的诗句："最爱湖东行不足，"如果你首先知道上联尾声字必须是仄，这就很好判断了，那么"足"字一定是仄。再比如说"笛"字，"谁家玉笛暗飞声"，"家"和"飞"都是平声字，而"笛"由于平仄相替的规则出现在中间那个需要是仄声字的位置上，那肯定是仄声字啦。所以，通过位置判断平仄也是一个方法，但这要求你对诗词的储备比较足才行。仄声字平时还是需要大量的记忆，其实记忆起来也不太难，多看多熟悉就行。这好比说你猛然到一个新班级，里面五六十个人都不认识，搁不住接触接触就认识了嘛。所以，多看多记多熟悉，是记忆仄声字的好办法。

而另有一些字是平仄两读的。比较小众，略提一下，会解开读诗的时候很多关于格律上的疑惑。

平仄二读字有这么几种情况：

第一种，多音字。

如"调"字，"调和"就读平声，是萧韵里的，"音调"就读仄声，是啸韵里的。

"间"字，"中间"就读平声，属一先韵；"间隔"的意思就读仄声，是谏韵里的。

还有比如说"中"字，读"中间"就是平声，读"中举"就是仄声；

长，读"长高"的时候是仄声，"长度"的时候，就是平声；

藏，读"躲藏"的时候是平声，读"藏族"就是仄声；

相，读"相思"的时候是平声，读"丞相"的时候肯定是仄声；

"鹄"意思是天鹅的时候读"壶（音）"就是平声，意思是箭靶子的时候读"鼓（音）"就是仄声；

凡多音字，应按照意思判断读音平仄。

平仄二读的情况中，多音字的情况是比较多的，因为汉字里面多音字确实不少啊。

第二种就是特别具有迷惑性的通读字。比如"看""通""过""惧""忘""望""听""醒""论""凭""泯"这些字，就是通读字。这些字平仄自备，雌雄同体……

拿"看"字来说吧,《沁园春·长沙》中的"看万山红遍,层林尽染",《沁园春·雪》中的"看红装素裹,分外妖娆""数风流人物,还看今朝"等词句中的"看"都是作仄声用的,而在李商隐的《无题》"蓬莱此去无多路,青鸟殷勤为探看"中,就作平声用了。在古诗词中,"看"作平声用的情况常见,如夏完淳的《别云间》"毅魂归来日,灵旗空际看"、鲁迅的"忍看朋辈成新鬼,怒向刀丛觅小诗"等。

再如"望"字,刘禹锡的《望洞庭》中"遥望洞庭山水翠,白银盘里一青螺"中是做仄声用的,而《孔雀东南飞》中"以我应他人,君还何所望",与"量""洋"等押韵就做平声字用了,属于下平声"七阳"韵部中的韵字。

还有"忘"字,在苏轼《临江仙》中"长恨此身非我有,何时忘却营营"中则作仄声用,而在苏轼的另一首《江城子》"十年生死两茫茫,不思量,自难忘"和唐代李建勋的《夏日酬祥松二公见访》"从容非有约,淡薄不相忘"以及杜甫《潭州送韦员外牧韶州》"洞庭无过雁,书疏莫相忘"中,都将"忘"作平声用,也归入下平声"七阳"韵部。

又如"论"字,在韩愈的"选壮军兴不为用,坐狂朝论无由陪"和李白"无由接高论,空此仰清芬"中作仄声用,而在罗隐的"不论平地与山尖,无限风光尽被占"和杜甫的"千载琵琶作胡语,分明怨恨曲中论"中就当平声读。

平仄两读字不同于多音字。多音字是因表义不同而读音有平仄的区别，而平仄两读字是它们在表示同一意义时，有平仄两种读音。这就特别的具有迷惑性，不好分辨。好在这类字在古代汉语中为数不多，我可以列举一下：

笼：平声属于东韵，仄声属于董韵。**撞**：平仄分属于江、绛韵。

泯：平仄分属于真、轸韵。**叹**：平仄分属于寒、翰韵。

患：平仄分属于删、谏韵。**钿**：平仄分属于先、霰韵。

挠：平仄分属于豪、巧韵。**柂**：平仄分属于歌、哿韵。

过：平仄分属于歌、个韵。**望**：平仄分属于阳、漾韵。

莹：平仄分属于庚、径韵。**醒**：平仄分属于青、迥韵。

听：平仄分属于青、迥韵。**凭**：平仄分属于蒸、径韵。

每个平仄二读字在诗中都有范例，如"醒"字，平声例子："孤篷半夜无余事，应被严滩酒珥醒。"仄声例子："梦成千里去，酒醒百忧来。"

"舸"字平声例子："萧瑟登楼听郢歌，共怜王粲住征舸。"而仄声例子："画舸亭亭系春潭，直到行人酒半酣。"每个平仄二读字在诗中都有范例，本书以普及为目的，就不展开了，了解一下即可。

而且这些字真的很少，看看有个印象就行了。说它的目的是当你写诗拈茎断须搞不定平仄的时候，回来再看这些二读字，有时候会起很大作用哦！而且当有人说，诶，你这个这个字平仄错了啊，你可以淡定地告诉他，此乃平仄二读字！

反正初学的时候记住一声二声是平，三声四声是仄，基本上能应对大部分平仄规律了。然后记住一些常见的今平古仄字比如"国""白""德""竹"是仄声,这些是古仄今平的高频率出现字。还有就是:

数字里面,只有"三"和"千"是平声,其他全部是仄!像"一""七""八""十",都是仄声字哟!

第三节 律句

既明四声，平仄就很简单了。在古代读音中，平声曼长而悠远，仄声短促而急收，所以以平仄为基础的近体诗的格律，实际上是长音和短音相间的排列组合的规则。

所以诗的格律只需要记住以下规则，不必死记硬背，也可以掌握。拿五言诗来说，双平双仄是基本元素。

五言诗可以分为"平平""仄仄"和一个单音"平"或"仄"的组合。一句诗中，由两个单"音"组成一个音步，如一个单音"平"再加一个单音"平"，组成"平平"这个音步，平＋平＝平平。

一个单音"仄"再加一个单音"仄"，组成"仄仄"这个音步。仄＋仄＝仄仄。

再由"步"组成"句"。

如"红泥小火炉"，"红"和"泥"分别是一个平声单音，"红泥"则是"红"和"泥"这两个单音组成的一个"平平"型音步，而红泥这两个字又是平声字，就组成"平平"这个步。而"小"和"火"这两个仄声单音组成仄仄型音步，两个音步再加一个单音组成"句"：红泥小火炉——平平仄仄平。

步的排列方式有两组四种：

第一组是双平步在前面:"平平—仄仄—平"和"平平—平—仄仄"。前面都是双平步,后面的双仄步和单平步调了下位置。

第二组是双仄步在前面"仄仄—平平—仄"和"仄仄—仄—平平"。这组前面都是双仄步,后面的双平步和单仄步互调。

每句诗句一定是双音步开头。我们来看一下五言律句:

五言的律句有四种类型:

仄仄—平平—仄;

平平—仄仄—平;

平平—平—仄仄;

仄仄—仄—平平。

从五言到七言,无比简单,就是把五言律句的第一个步反过来,加在最前面,就成了七言律句了。即:

(仄仄)—平平—仄仄—平;

(平平)—仄仄—平平—仄;

(仄仄)—平平—平—仄仄;

(平平)—仄仄—仄—平平。

这些就是构成律诗基本元素的律句。

然后,这四种基本句型按黏对关系排列,变化,就形成了近体诗的格律形式。

第四节　黏对

一首律诗，有四联，每联的出句和对句偶数位字的平仄，是对立的，即相反的，这就叫"对"。

其次，上一联的对句和下一联的出句，它的偶数位字上平仄又必须是雷同的，这就叫"黏"。不"对"不"黏"，不成为律诗。

律诗平仄上的"对"和"黏"的关系，可用下表表示：

以王维的《山居秋暝》平起仄收的五言律诗为例：

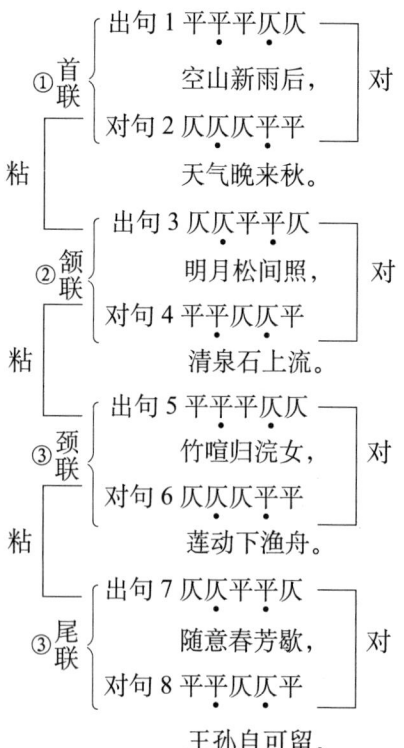

从上表可以看出，1和2，3和4，5和6，7和8，它们偶数位字的平仄是对立的。即相反的。构成这种平仄关系相反的情况，简称"对"。每首律诗，凡四联，形成四个对立的平仄关系。

但每四联只构成三个雷同的平仄关系，即2和3，4和5，6和7。这种平仄雷同的情况，叫作"黏"。"黏"就是二、三句中，四、五句中，六、七句中的偶数位字平仄相同。

由此可见，所谓"对"，是声律上求异的；所谓"黏"，是声律上求同的。

平仄该相对的地方没对上，就叫失对；该相同的地方没有相同，叫失黏。

一首律诗，由于上下句的格律要求不同，关系不同，才使得声音有抑扬起伏的变化，从而富有节奏和韵味。

我们可以用图表，更直观地看出近体诗中的黏、对的关系：

一、五言粘、对及绝体、律体结构关系

（一）平起平收　首句押韵

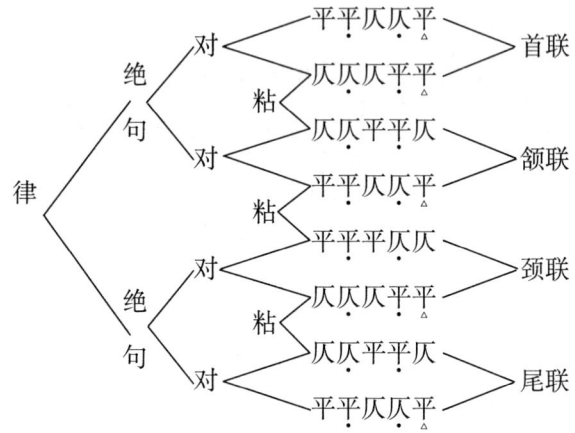

（"△"表示韵脚）

（二）仄起平收　首句押韵

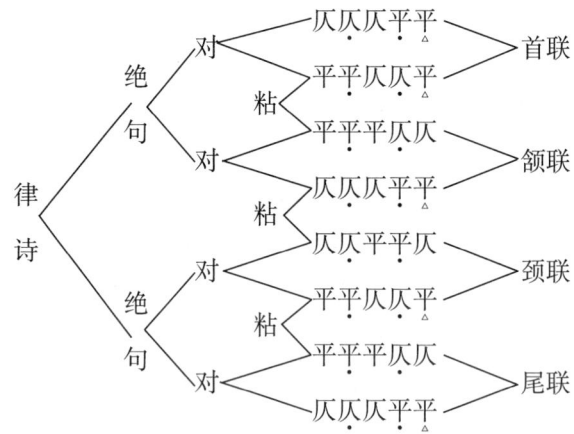

(三)平起仄收　首句不押韵[①]

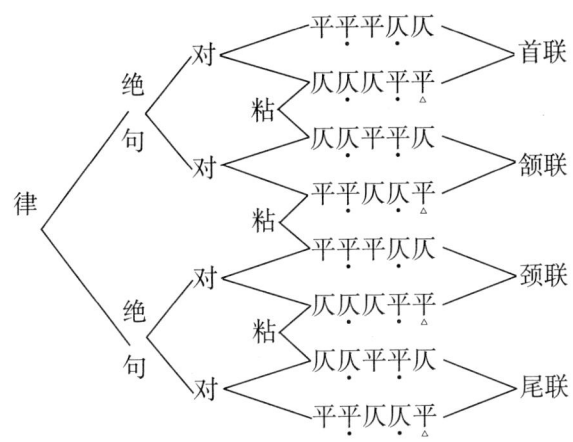

(四)仄起仄收　首句不押韵

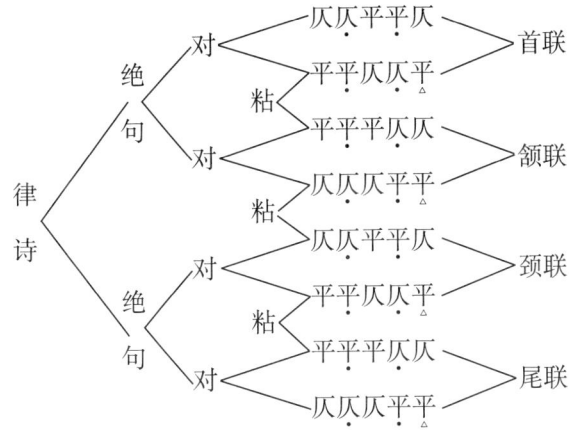

[①] 诗分平起仄起,也分首句入韵不入韵,这里的"平起"还是"仄起",要看第一句的第二个字。因为首句的第一个字往往是可平可仄的;而"平收"还是"仄收"是看第一句的尾字。首句尾字如果是仄声,就不用押韵,首句尾字如果是平声,就必须押韵。

二、七言粘、对及绝体、律体结构关系

(一) 平起平收　首句押韵

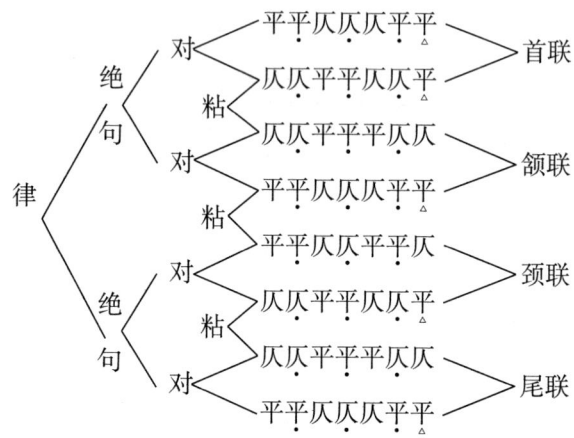

(二) 仄起平收　首句押韵

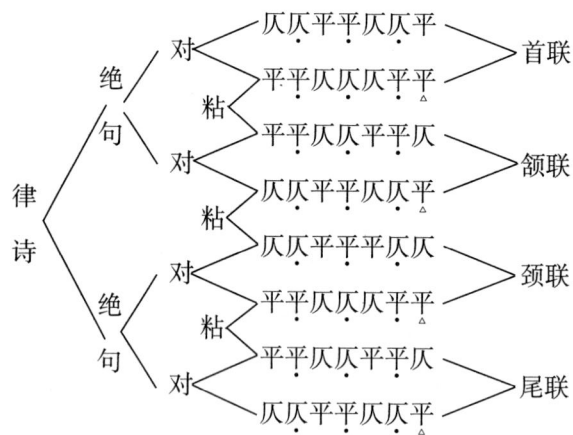

(三)平起仄收　首句不押韵

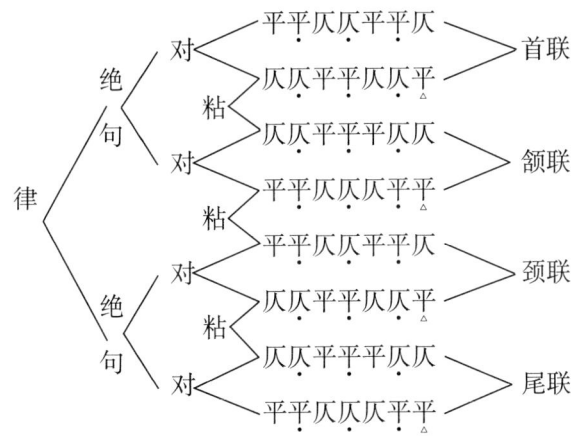

(四)仄起仄收　首句不押韵

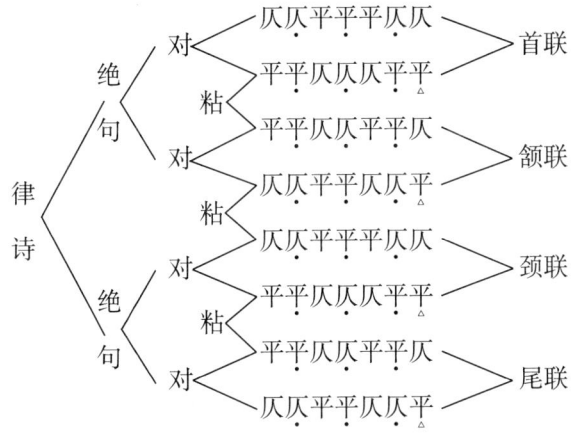

第五节　近体诗格律十六种

近体诗的十六种格律形式，分别为五言绝句四种，五言律诗四种，七言绝句四种，七言律诗四种。共计十六种，也称为"近体诗诗谱十六种"。

学做菜，看菜谱；学下棋，看棋谱；写诗，看诗谱。

五言绝句的四种格律

一、平起平收　首句入韵

　　　　　　㊉[①]平仄仄平，㊀仄仄平平。
　　　　　　㊀仄平平仄，平平仄仄平。

例诗：　　　**汾上惊秋**　　苏廷硕

　　　　　　北风吹白云，万里渡河汾。
　　　　　　心绪逢摇落，秋声不可闻。

二、仄起平收　首句入韵

　　　　　　㊀仄仄平平，平平仄仄平。
　　　　　　㊉平平仄仄，㊀仄仄平平。

[①] 一般奇数位置上的字在避开孤平和三平尾等诗病的情况下，是可平可仄的，用这种符号来表示：㊉㊀。㊉的意思是"宜平可仄"；㊀的意思是"宜仄可平"。

例诗：　　　　　**塞下曲**　卢纶

　　　　　林暗草惊风，将军夜引弓。

　　　　　平明寻白羽，没在石棱中。

三、仄起仄收 首句不入韵

　　　　　㊣仄平平仄，平平仄仄平。
　　　　　㊣平平仄仄，㊣仄仄平平。

例诗：　　　　　**绝句**　杜甫

　　　　　江碧鸟逾白，山青花欲燃。

　　　　　今春看又过，何日是归年。

四、平起仄收 首句不押韵

　　　　　㊣平平仄仄，㊣仄仄平平。
　　　　　㊣仄平平仄，平平仄仄平。

例诗：　　　　　**听筝**　李端

　　　　　鸣筝金粟柱，素手玉房前。

　　　　　欲得周郎顾，时时误拂弦。

五言律诗的四种格律

一、平起平收 首句入韵

　　　　　平平仄仄平，㊣仄仄平平。
　　　　　㊣仄平平仄，平平仄仄平。
　　　　　㊣平平仄仄，㊣仄仄平平。
　　　　　㊣仄平平仄，平平仄仄平。

例诗：　　**奉和杨驸马六郎秋夜即事**　　王维

　　　　　　高楼月似霜，秋夜郁金堂。

　　　　　　对坐弹卢女，同看舞凤凰。

　　　　　　少儿多送酒，小玉更焚香。

　　　　　　结束平阳骑，明朝入建章。

二、仄起平收 首句入韵

　　　　　　⑰仄仄平平，平平仄仄平。
　　　　　　⑰平平仄仄，⑰仄仄平平。
　　　　　　⑰仄平平仄，平平仄仄平。
　　　　　　⑰平平仄仄，⑰仄仄平平。

例诗：　　　　**房兵曹胡马**　　杜甫

　　　　　　胡马大宛名，锋棱瘦骨成。

　　　　　　竹批双耳峻，风入四蹄轻。

　　　　　　所向无空阔，真堪托死生。

　　　　　　骁腾有如此，万里可横行。

三、仄起仄收 首句不入韵

　　　　　　⑰仄平平仄，平平仄仄平。
　　　　　　⑰平平仄仄，⑰仄仄平平。
　　　　　　⑰仄平平仄，平平仄仄平。
　　　　　　⑰平平仄仄，⑰仄仄平平。

例诗：　　　　**春夜喜雨**　　杜甫

　　　　　　好雨知时节，当春乃发生。

随风潜入夜，润物细无声。

野径云俱黑，江船火独明。

晓看红湿处，花重锦官城。

四、平起仄收 首句不入韵

⑰平平仄仄，⑰仄仄平平。

⑰仄平平仄，平平仄仄平。

⑰平平仄仄，⑰仄仄平平。

⑰仄平平仄，平平仄仄平。

例诗：　　**牛山春晚即事　王安石**

春风取花去，酬我以清阴。

翳翳陂路静，交交园屋深。

床敷每小息，杖屦亦幽寻。

唯有南北鸟，经过遗好音。

七言绝句的四种格律

一，首句平起平收 首句入韵

⑰平⑰仄仄平平，⑰仄平平仄仄平。

⑰仄⑰平平仄仄，⑰平⑰仄仄平平。

例诗：　　**《早发白帝城》　李白**

朝辞白帝彩云间，千里江陵一日还。

两岸猿声啼不住，轻舟已过万重山。

二、首句仄起平收 首句入韵

⊘仄平平仄仄平，⊕平⊘仄仄平平。
⊕平⊘仄平平仄，⊘仄平平仄仄平。

例诗：　　　　**军城早秋　严武**

　　　　　昨夜秋风入汉关，朔云边月满西山。

　　　　　更催飞将追骄虏，莫遣沙场匹马还。

三、首句仄起仄收　首句不入韵

⊘仄⊕平平仄仄，⊕平⊘仄仄平平。
⊕平⊘仄平平仄，⊘仄平平仄仄平。

例诗：　　　　**夜上受降城闻笛　李益**

　　　　　回乐峰前沙似雪，受降城外月如霜。

　　　　　不知何处吹芦管，一夜征人尽望乡。

四、平起仄收 首句不入韵

⊕平⊘仄平平仄，⊘仄平平仄仄平。
⊘仄⊕平平仄仄，⊕平⊘仄仄平平。

例诗：　　　　**寒食寄京师诸弟　韦应物**

　　　　　雨中禁火空斋冷，江上流莺独坐听。

　　　　　把酒看花想诸弟，杜陵寒食草青青。

七言律诗诗谱四种

一、平起平收 首句入韵

⊕平⊘仄仄平平，⊘仄平平仄仄平。

⊘仄⊕平平仄仄，⊕平⊘仄仄平平。
△
⊕平⊘仄平平仄，⊘仄平平仄仄平。
△
⊘仄⊕平平仄仄，⊕平⊘仄仄平平。
△

例诗：　晚次新丰北野老家书事呈赠韩质明府　　卢纶

机鸣春响日暾暾，鸡犬相和汉古村。

数派清泉黄菊盛，一林寒露紫梨繁。

衰翁正席矜新社，稚子齐襟读古论。

共说年来但无事，不知何者是君恩。

二、仄起平收 首句入韵

⊘仄平平仄仄平，⊕平⊘仄仄平平。
△　　　　　　　　△
⊕平⊘仄平平仄，⊘仄平平仄仄平。
△
⊘仄⊕平平仄仄，⊕平⊘仄仄平平。
△
⊕平⊘仄平平仄，⊘仄平平仄仄平。
△

例诗：　　次韵王定国扬州见寄　　黄庭坚

清洛思君昼夜流，北归何日片帆收。

未生白发犹堪酒，垂上青云却佐州。

飞雪堆盘脍鱼腹，明珠论斗煮鸡头。

平生行乐自不恶，岂有竹西歌吹愁。

三、平起仄收 首句不入韵

⊕平⊘仄平平仄，⊘仄平平仄仄平。
△
⊘仄⊕平平仄仄，⊕平⊘仄仄平平。
△
⊕平⊘仄平平仄，⊘仄平平仄仄平。
△

⊘仄⊕平平仄仄,⊕平⊕仄仄平平。

例诗:　　　　　　**登快阁**　黄庭坚

痴儿了却公家事,快阁东西倚晚晴。

落木千山天远大,澄江一道月分明。

朱弦已为佳人绝,青眼聊因美酒横。

万里归船弄长笛,此心吾与白鸥盟。

四、仄起仄收 首句不入韵

⊘仄⊕平平仄仄,⊕平⊕仄仄平平。
⊕平⊘仄平平仄,⊘仄平平仄仄平。
⊘仄⊕平平仄仄,⊕平⊘仄仄平平。
⊕平⊘仄平平仄,⊘仄平平仄仄平。

例诗:　　　**咏怀古迹五首·其五**　杜甫

诸葛大名垂宇宙,宗臣遗像肃清高。

三分割据纡筹策,万古云霄一羽毛。

伯仲之间见伊吕,指挥若定失萧曹。

运移汉祚终难复,志决身歼军务劳。

第六节 诗病

近体诗有几种忌讳：孤平、三平尾和平头。均称为诗病。当然诗病不止这几种，这几种比较常见。

什么是孤平？

从上一节的律句格式中我们可以看出，㊄㊋这种字样在诗谱中出现的频率很高，但有一句是没有"㊄㊋"出现的。

一、㊋仄平平仄；

二、平平仄仄平；

三、㊄平平仄仄；

四、㊋仄仄平平。

第二句没有㊄㊋出现。这是为什么呢？

传统诗词的格律，有一种说法叫"一三（五）不论、二四（六）分明"，也就是说，七言的第一、三、五字的平仄可以有变化。就是可平可仄。如果是五言，则是一、三两字可平可仄。由于这种变化的存在，使得格律既严谨，又灵活。

但是，一三（五）不论这句口诀并不是所有情况都适用。对于收平声韵的句子"（仄仄）—平平—仄仄—平"来说，假如一三五不论，变成"仄仄（或平仄）—仄平—仄仄—平"，这就犯了"孤平"，是诗中大忌。

传统认为，孤平是指这一诗句中除了韵脚字只有一个平声字，这种说法是不准确的。实际上，近体诗的一个句子中至少需要一个双平步，即连在一起的"平平"音步。没有双平步，就可以认为是孤平。

　　诗句犯了孤平，就需要补救。补救的方法，就是把"仄平—仄仄—平"变成"仄—平平—仄平"，让孤平后面的那个仄声字变成平声字，也即是说，让双平步往后挪一个音位，就可以了。

　　而"仄仄仄平平"这一句，如果按照一三五不论的口诀，第三字的仄声似乎可以变成平声，然而事实上不行。因为这样就成了三平尾，是近体诗中决不能出现的错误。三平尾无法补救。

　　另外，如果因为一三五不论，导致连续三句以上首字都是平声，则叫平头，这也是一种古人总结的声病，读起来不舒服的。

　　写诗的时候，一三五还相对自由，二四六就非常严格了。二四六一般是"仄—平—仄"和"平—仄—平"这样错落相替的，如果五言中四字位置，七言中六字位置上的平仄发生了错误，则叫拗句，拗了就需要救，拗和补救措施合称拗救。

　　只有五言句中第四字位置，七言中第六字位置平仄错误是拗，可以救，五言中二字位置、七言中二四位置出律就是彻底的出律，并无补救之法，也就没有拗救一说了。

　　另外，不止六字位置错了和补救是拗救，孤平句式的补救也是一种拗救，叫当句救。

　　如杜甫的《复愁十二首》其三："万国尚戎马，故园今若何？"

第三字"今"救第一字"故",是孤平的当句自救。

对句救,刚才说了五言中四字位置、七言中六字位置拗了才有救法,五言救法是用下句三字位置救上句四字位置,七言是用下句五字位置救上句六字位置,救法也就这一种。

举例:　　**赋得古原草送别得离字　　白居易**

离离原上草,

一岁一枯荣。

野火烧不尽,

春风吹又生。

第三句四字位置"不"当用平声字而用了仄声字,对句三字位置"吹"字变成平声字救上句。

七言例子,陆游《夜泊水村》:

一身报国有万死,双鬓向人无再青。

六字位置"万"当用平声字而用了仄声字,对句五字位置"无"字变成平声字救上句。其中的"无"字既救出句的"万"(对句相救),又救本句孤平的"向",所以叫"两救"。

像平头、三平尾、拗句这些初写诗者容易犯的诗病,在古诗里一般很难找到例子,是因为流传下来的都是千锤百炼的名篇。

当然,也不是说古诗就全部合律,古人亦偶有意到诗到,不暇细审声律之处。

林黛玉说,果有了好句子,连平仄不拘都是使得的,但是前提是"果有了好句子"。我辈学诗,绝不可以前人亦偶有违律为借口。

总之，格律应当严守，当然，如具备了李杜般绝人之姿，亦不妨打破，但终究以严守格律为主。

而且有时候现代人发现古人的平仄错误，说古人怎么还不遵守规矩，其实可能一是没有搞懂过去和现在的平仄读音的不同，如今平古仄字；二是本身就有平仄两读字；三是人家已经进行了拗救，但是你没看出来。

还有一种就是古代有很多诗的变格体例与正格的黏对序列不同，如杜甫的《咏怀古迹五首之二》："摇落深知宋玉悲，风流儒雅亦吾师。怅望千秋一洒泪，萧条异代不同时。江山故宅空文藻，云雨荒台岂梦思。最是楚宫俱泯灭，舟人指点到今疑。"和李白的《登金陵凤凰台》："凤凰台上凤凰游，凤去台空江自流。吴宫花草埋幽径，晋代衣冠成古丘。三山半落青山外，二水中分白鹭洲。总为浮云能蔽日，长安不见使人愁。"按正常格律看，二三句是失黏的，但这种诗体本身有折腰体和顺风体的争论，并无盖棺定论。

退一万步讲，古人有不少出律不救的也照样可以成为名篇，这本事现在的人有吗？

此外，不管是严守还是破律，都应该以《平水韵》为声韵标准。

就是说，格律还允许偶有错误，但声律是万万不可不在一个韵部的。

还有，上联和下联的尾字决不能是一个声调的，上联尾字必须是仄声，下联尾字必须是平声。

这是最基本的，还常见有人弄错。把上联尾字用了平声，或者下联尾字用了仄声。

我常见现在很多人写的诗,诗韵押的都是韵母,甚至仄声字,他们可能认为只要韵母相同,就可以用来押韵,这肯定是不对的。

用现代普通话去写诗,用普通话入韵,人所谓"新韵"者,我个人是不太赞同的。不过不妨碍你们对诗词的热爱,只希望你们写着写着,能够加深对格律、韵律的了解和认识,转到正确的范式中来。

诗词的格律基本是这些了。今天很多诗词初学者畏难的是格律,如平仄、黏对、押韵什么的,实际上格律是诗词中最基础和形而下的东西,"汝果欲学诗,功夫在诗外",诗词写得好不好,很大程度还要看个人积淀修为,每个人的经历不同,胸襟格局也有高下之分。这些都能反映在诗词里,构成诗词不同的感觉。这可能也是诗词别有魅力之所在吧。

第三章 关于诗歌韵律的一些概念

诗歌是最富于音乐性的语言，和谐的韵律是构成诗歌优美艺术形式的基本要素之一。

　　上一章说过，格律成熟的主要内容包括两个，一是以平仄为声律，二是以押韵为韵律。声律和韵律合起来称为格律。

　　纵观整个诗歌史，押韵在任何形式的诗歌中，一直是基本而又显著的特色。从《诗经》开始，诗歌就有合乐的传统。合乐，要有和谐的音节和声韵。诗经中除了周颂中有7篇诗无韵，其他298篇全部有韵。尽管后来乐曲失传，由于它本身的节奏和韵律仍然保存，也仍然保证了它朗朗上口，便于传诵。

　　中国古典的诗、词、曲都继承了这个韵律方面的优良传统。

　　诗歌用韵的目的，一是为了声韵的和谐，同类的乐音在前后句同一位置上彼此重复，就构成了声音回环的韵味美；二是使人们便于背诵。自古以来，凡属于优秀的诗歌，除了思想内容健康外，韵律也都是和谐悦耳的。

古今诗歌既然都讲究韵律,那么对于诗歌的欣赏者和创作者来说,都应该具备一些有关古今诗歌韵律方面的基本知识。

比如说:什么叫作韵,各韵部包括哪些字,哪几个韵部可以相通,各种诗歌的用韵格式主要有哪些,现在的韵母和以前的诗韵有哪些不同等。

带着这些问题,我们进行这一章的讨论。

第一节　韵

汉语拼音中有韵母，诗歌一般有韵。但是诗歌中所说的韵和拼音字母所说的韵母是两个不同的概念。

韵书中把许多同韵的字排在一起，叫作"韵部"。也简单的叫作"韵"。

并在每一个韵部中选出一个代表字来标目，叫作"韵目"。例如把"麻、巴、沙、花、家"等字排在一起，归于一个韵部，从中选出一个"麻"字来标目，这个"麻"字就叫作韵目。一个韵目所辖的字，都属于一个韵部。

但一个韵部不一定只有一个韵母，比如"麻"韵内就包括三个韵母：a、ia、ua。从这里可以看出，韵比韵母的范围要宽些。不过相同的韵母也可以分散在好几个韵部里。如 ong 就分在一东和二冬韵部里，an 分散在上平声十四寒、十五删和下平声一先韵部里。这就是两者不同的地方。

所谓押韵，就是把同韵的两个或者更多的字放在前后句同样的位置上。一般总是把韵放在句尾，所以叫"韵脚"。

试看下面这个例子：

芙蓉楼送辛渐　王昌龄

寒雨连江夜入吴，[wú]

平明送客楚山孤。[gū]

洛阳亲友如相问，

一片冰心在玉壶。[hú]

这里"吴""孤""壶"押韵，因为他们的韵母都是u。像这样的四句诗，第三句是不押韵的。

再看一个例子：

泊秦淮　　杜牧

烟笼寒水月笼沙，[shā]

夜泊秦淮近酒家。[jiā]

商女不知亡国恨，

隔江犹唱后庭花。[huā]

"沙""家""花"的韵母分别是a、ia、ua。韵母虽不完全相同，但它们是同韵部的字，押起韵来仍然是同声相应，十分和谐的。

这里需要再说明一下，诗歌押韵只需要在同一个韵部就行，不必一定要同一韵母。不同韵母的字，只要属于一个韵部，都可以相押。这种情况还很常见。

从《诗经》到后代的诗词歌曲，差不多没有不押韵的。但是，为什么我们诵读古人的诗词的时候，常常会觉得他们的声韵并不十分和谐，甚至很不和谐呢？这并不是古人本来没有用韵或者把韵用错了，而是古今音不同的缘故。语音在历史的变迁中也发生着变化，我们拿现在的读音去读，自然不能完全和谐。例如：

客至　杜甫

舍南舍北皆春水，

但见群鸥日日来。[lái]

花径不曾缘客扫，

蓬门今始为君开。[kāi]

盘飧市远无兼味，

尊酒家贫只旧醅。[pēi]

肯与邻翁相对饮，

隔篱呼取尽余杯。[bēi]

如果按现在读音读起来，就不太顺口似的，但是若按照唐代的读音，把"醅"读作"puāi"，把"杯"读作"buāi"（这里的注音随俗使用拼音字母来注，并不完全符合唐代的读音，只是近似唐代读音），就会感到这首诗全篇的韵脚更加顺口了。今天我们当然不必按照古音去读古人的诗，不过我们需要明白这个道理，才不至于怀疑古人所押的韵是不和谐的。

第二节 近体诗的韵部

先秦两汉是没有韵书的。到了魏晋南北朝，为了适应韵文的需要，产生了李登、吕静等各家韵书。到了隋代，陆法言参考吕静《韵集》及各家韵书编成了《切韵》，算是集南北朝韵书之大成。《切韵》传到唐代，郭之玄、孙愐等人加以增订后改为《唐韵》。到了宋大中祥符元年（公元1008年），陈彭年、邱雍等人又奉皇帝的命令重修韵书，改名《大宋重修广韵》，简称《广韵》。广韵分为206个韵部。

因为韵部太多，从唐代初年起就规定了"合用"的办法，允许人们就近通用。到了南宋的《平水韵略》，索性将同用的韵部归并为一个韵部，所以韵部由《广韵》的206个韵部，减至107个，后来又并为106个韵部。

这106个韵部，即一般人所说的《平水韵》，通称《诗韵》，沿用至今。

现将《诗韵》106部列表于下：

有上平声十五部，下平声十五部，上声二十九部，去声三十部，入声十七部。

近体诗一般只押平声韵，用上平声十五个韵、下平声十五个韵。

上平声	上声	去声	入声
一东	一董	一送	一屋
二冬	二肿	二宋	二沃
三江	三讲	三绛	三觉
四支	四纸	四寘	四质
五微	五尾	五未	五物
六鱼	六语	六御	六月
七虞	七麌	七遇	七曷
八齐	八荠	八霁	八黠
九佳	九蟹	九泰	九屑
十灰	十贿	十卦	十药
十一真	十一轸	十一队	十一陌
十二文	十二吻	十二震	十二锡
十三元	十三阮	十三问	十三职
十四寒	十四旱	十四愿	十四辑
十五删	十五潸	十五翰	十五合
下平声			
一先	十六铣	十六谏	十六叶
二萧	十七篠	十七霰	十七洽
三肴	十八巧	十八啸	
四豪	十九皓	十九效	
五歌	二十哿	二十号	
六麻	二十一马	二十一个	
七阳	二十二养	二十二祃	
八庚	二十三梗	二十三漾	
九青	二十四迥	二十四敬	
十蒸	二十五有	二十五径	
十一尤	二十六寝	二十六宥	
十二侵	二十七感	二十七沁	
十三覃	二十八俭	二十八勘	
十四盐	二十九豏	二十九艳	
十五咸		三十陷	

第三节　近体诗押韵法

律诗和绝句的押韵形式，基本上只有两种，一种是首句入韵的，一种是首句不用韵的。

（一）首句入韵，然后逢双句用韵，单句不用韵。

试用五绝、五律、七绝、七律各举一例：

易水送人　骆宾王

此地别燕丹，壮发上冲冠。
昔时人已没，今日水犹寒。

月夜忆舍弟　杜甫

戍鼓断人行，秋边一雁声。
露从今夜白，月是故乡明。
有弟皆分散，无家问死生。
寄书长不达，况乃未休兵。

早发白帝城　李白

朝辞白帝彩云间，千里江陵一日还。
两岸猿声啼不住，轻舟已过万重山。

苏武庙　温庭筠

苏武魂销汉使前，古祠高树两茫然。
云边雁断胡天月，陇上羊归塞草烟。

回日楼台非甲帐，去时冠剑是丁年。

茂陵不见封侯印，空向秋波哭逝川。

(二) 首句不入韵，双句用韵，单句不用韵。例如：

宿建德江　孟浩然

移舟泊烟渚，日暮客愁新。

野旷天低树，江清月近人。

春望　杜甫

国破山河在，城春草木深。

感时花溅泪，恨别鸟惊心。

烽火连三月，家书抵万金。

白头搔更短，浑欲不胜簪。

九月九日忆山东兄弟　王维

独在异乡为异客，每逢佳节倍思亲。

遥知兄弟登高处，遍插茱萸少一人。

遣悲怀　元稹

昔日戏言身后事，今朝都到眼前来。

衣裳已施行看尽，针线犹存未忍开。

尚想旧情怜婢仆，也曾因梦送钱财。

诚知此恨人人有，贫贱夫妻百事哀。

上节说过，近体诗一般只用平声韵。

而且律诗和绝句的用韵，都是一韵到底，其间不许换韵。除首句尾字押韵可押邻韵外，其余韵脚只能用一个韵部中的字，不许用其他韵部字。例如：

月夜　杜甫

今夜鄜州月，闺中只独看。

遥怜小儿女，未解忆长安。

香雾云鬟湿，清辉玉臂寒。

何时倚虚幌，双照泪痕干。

韵脚"看、安、寒、干"属于上平声十四寒韵。

送魏万之京　李颀

朝闻游子唱离歌，昨夜微霜初渡河。

鸿雁不堪愁里听，云山况是客中过。

关城树色催寒近，御衣砧声向晚多。

莫见长安行乐处，空令岁月易蹉跎。

韵脚"歌、河、过、多、跎"属于下平声五歌韵。

弹琴　刘长卿

泠泠七弦上，静听松风寒。

古调虽自爱，今人多不弹。

韵脚"寒、弹"属于上平声十四寒韵。

金陵图　韦庄

江雨霏霏江草齐，六朝如梦鸟空啼。

无情最是台城柳，依旧烟笼十里堤。

韵脚"齐、啼、堤"属于上平声八齐韵。

律诗和绝句，都是一韵到底的，如上面的例子，都是如此。但也有个别例外，如：

望蓟门　　祖咏

燕台一去客心惊，笳鼓喧喧汉将营。
万里寒光生积雪，三边曙色动危旌。
沙场烽火连胡月，海畔云山拥蓟城。
少小虽非投笔吏，论功还欲请长缨。

首句韵脚"惊"字属于下平声八庚韵的字，其余韵脚"营、旌、城、缨"属于下平声九青里面的字。在律诗里，这种首句押邻韵的诗体称为"孤雁出群体"。这种体在晚唐和宋代比较普遍。如

山园小梅　　林逋

众芳摇落独暄妍，（一先韵）
占尽风情向小园。（十三元韵）
疏影横斜水清浅，
暗香浮动月黄昏。（十三元韵）
霜禽欲下先偷眼，
粉蝶如知合断魂。（十三元韵）
幸有微吟可相狎，
不须檀板共金樽。（十三元韵）

此诗首句韵脚字"妍"用的是一先韵，而"园、昏、魂、樽"的韵脚则是十三元韵字，首句借用邻韵，便属于"孤雁出群"。

但是这种用法，仅仅限于首句的韵脚，二、四、六、八句韵脚字不允许这样用。

而且，所谓邻韵，并不是指在排列顺序上相邻的韵，而是读音相近的韵。在三十个平声韵中，以下韵部是邻韵：

东、冬；

江、阳；

支、微、齐、灰（半）；

鱼、虞；

佳（半）、灰（半）；

真、文、元（半）；

元（半）、寒、删、先；

萧、肴、豪；

佳（半）、麻；

庚、青、蒸，覃、盐、咸。

而"歌"韵、"尤"韵、"侵"韵这三个韵是没有邻韵的。绝不可以与别的韵部通押。

第四节 诗韵用字举要

本节是诗韵中上平声十五韵部、下平声十五韵部中的韵字,备写诗押韵时查阅使用。

根据《诗韵合璧》编排。一些不常用的韵字,则酌情删减。

为了让大家更好地了解韵脚的运用,我在每一个韵脚之后给大家都附上四首用这个韵部写的诗词,分别是五绝、七绝、五律和七律。可以体会下古人是怎么用这些韵脚字写出惊才绝艳的近体诗来的。

【上平 一东】东同铜桐筒童僮潼瞳中衷忠虫终戎崇嵩弓躬宫融雄熊穹穷冯风枫丰充隆空公功工攻蒙濛笼聋栊珑洪红鸿虹丛翁聪骢通蓬篷烘胧艞峒蝀梦讧忡侗窿憽庞盅芎箜艨绒葱匆棕

鸟鸣涧　王维

人闲桂花落,夜静春山空。
月出惊山鸟,时鸣春涧中。

少年行　李白

五陵年少金市东,银鞍白马度春风。
落花踏尽游何处?笑入胡姬酒肆中。

客亭　杜甫

秋窗犹曙色,落木更天风。

日出寒山外,江流宿雾中。

圣朝无弃物,老病已成翁。

多少残生事,飘零似转蓬。

贵公子　韦庄

大道青楼御苑东,玉栏仙杏压枝红。

金铃犬吠梧桐月,朱鬣马嘶杨柳风。

流水带花穿巷陌,夕阳和树入帘栊。

瑶池宴罢归来醉,笑说君王在月宫。

【上平　二冬】冬农宗钟龙春松冲容蓉庸封胸雍浓重从逢缝踪茸蜂峰锋烽蛩笻慵恭供悰淙侬枞蘢凶墉镛佣溶镕醲秾邛廊喁邕壅枞脓凇忪葑汹噰丰鱅蹱蚣榕彤

山中夜宿　顾况

凉月挂层峰,萝林落叶重。

掩关深畏虎,风起撼长松。

蜻蜓　韩偓

碧玉眼睛云母翅,轻于粉蝶瘦于蜂。

坐来迎拂波光久,岂是殷勤为蓼丛。

春宫怨　杜荀鹤

早被婵娟误,欲妆临镜慵。

承恩不在貌,教妾若为容。

风暖鸟声碎,日高花影重。

年年越溪女，相忆采芙蓉。

无题　李商隐

来是空言去绝踪，月斜楼上五更钟。

梦为远别啼难唤，书被催成墨未浓。

蜡照半笼金翡翠，麝熏微度绣芙蓉。

刘郎已恨蓬山远，更隔蓬山一万重。

【上平　三江】江杠缸扛厖龙哤窗摐鏦艭邦矼降双庞逢腔幢桩淙玒橦茳瑽梆悾

水宿闻雁　李益

早雁忽为双，惊秋风水窗。

夜长人自起，星月满空江。

陈宫　罗邺

白玉尊前紫桂香，迎春阁上燕双双。

陈王半醉贵妃舞，不觉隋兵夜渡江。

送杨录事充潼关判官　岑参

夫子方寸里，秋天澄霁江。

关西望第一，郡内政无双。

狭室下珠箔，连宵倾玉缸。

平明犹未醉，斜月隐书窗。

宿湖边山寺　顾况

群峰过雨涧淙淙，松下扉扃白鹤双。

香透经窗笼桧柏，云生梵宇湿幡幢。
蒲团僧定风过席，苇岸渔歌月堕江。
谁悟此生同寂灭，老禅慧力得心降。

【上平　四支】支枝移为垂吹陂碑奇宜仪皮儿离施知驰池规危夷师姿迟龟眉悲之芝时诗棋旗辞词期祠基疑姬丝司葵医帷思滋持随痴维厄糜麾埤弥慈遗肌脂雌披嬉尸狸炊湄篱兹差疲茨卑亏蕤陲骑曦歧岐谁斯私窥觙熙欺疵笞羁彝颐髭资糜饥衰锥姨楣夔祇涯伊耆追缁箕椎罴罳鳒萎匙脾坻嶷飔骊綦怡尼漪累匜牺饴而鸥推縻祁绥逵巇酾絺羲羸肢骐訾狮奇嗤毗咨堕其其粢睢漓蠡噫骓馗菑輴褵邳锜胵鳍柌迨蛇陴淇淄蜗嫠丽箷厮氏痍脽貔比墒脽僖贻祺嘻鹂瓷琦铍洟骥嵋怩馱熹孜台蚩罹鲥魖䋛檹倭菱丕琪耆衰惟猗剂坿醾提禧居栀戏畸椅磁痿椅离佳虽仔寅摘莋蜞委崎隋透倭黎犁

相思　王维

红豆生南国，春来发几枝。
愿君多采撷，此物最相思。

杨柳枝　刘禹锡

御陌青门拂地垂，千条金缕万条丝。
如今绾作同心结，将赠行人知不知。

芳树　卢照邻

芳树本多奇，年华复在斯。
结翠成新幄，开红满旧枝。

风归花历乱，日度影参差。

容色朝朝落，思君君不知。

长沙过贾谊宅　刘长卿

三年谪宦此栖迟，万古惟留楚客悲。

秋草独寻人去后，寒林空见日斜时。

汉文有道恩犹薄，湘水无情吊岂知。

寂寂江山摇落处，怜君何事到天涯。

【上平　五微】微薇晖辉徽挥翚韦围帏闱违霏菲妃骓绯飞非扉肥腓威祈旗畿机讥矶鞿玑饥稀希衣依沂巍归诽湄痱欷葳颀圻

山中送别　王维

山中相送罢，日暮掩柴扉。

春草年年碧，王孙归不归？

上蔡　胡曾

上蔡东门狡兔肥，李斯何事忘南归。

功成不解谋身退，直待云阳血染衣。

江上寄巴东故人　李白

汉水波浪远，巫山云雨飞。

东风吹客梦，西落此中时。

觉后思白帝，佳人与我违。

瞿塘饶贾客，音信莫令稀。

题卫将军庙　徐浑

武牢关下护龙旗，挟槊弯弧马上飞。
汉业未兴王霸在，秦军才散鲁连归。
坟穿大泽埋金剑，庙枕长溪挂铁衣。
欲奠忠魂何处问，苇花枫叶雨霏霏。

【上平　六鱼】 鱼渔初书舒居裾车渠蕖余予誉舆胥馀狙锄疏蔬梳虚嘘徐豬间庐驴诸除储如墟与菹琚畲疽苴樗摅于茹蛆且沮祛蜍桐胪妤淤雎纡躇趄潴屠据咀据衙涂

青青水中蒲　韩愈

青青水中蒲，下有一双鱼。
君今上陇去，我在与谁居？

寄蜀中薛涛校书　王建

万里桥边女校书，枇杷花里闭门居。
扫眉才子知多少，管领春风总不如。

题湖上友人居　张乔

岂得恋樵渔，全家湖畔居。
远无潮客信，闲寄岳僧书。
野白梅繁后，山明雨散初。
逍遥向云水，莫与宦情疏。

早秋过龙武李将军书斋　王建

高树蝉声秋巷里，朱门冷静似闲居。

重装墨画数茎竹，长著香薰一架书。
语笑侍儿知礼数，吟哦野客任狂疏。
就中爱读英雄传，欲立功勋恐不如。

（▲表示首句尾字押邻韵。）

【上平 七虞】虞愚娱隅刍无芜巫于盂瘟衢儒濡襦须株诛蛛殊铢瑜榆谀愉腴区驱躯朱珠趋扶符凫雏敷夫肤纡输枢厨俱驹模谟蒲胡湖瑚乎壶狐弧孤辜姑觚菰徒途涂荼图屠奴呼吾梧吴租卢鲈鑪芦苏酥乌污枯都铺禺嵎诬竽吁盱瞿劬朐絇需殳俞逾觎揄萸臾渝岖镂娄荸罦孚桴俘枹树跌鈇迁姝躕拘粖摹酺醐糊酤鸪沽呱蛄笯遳舻垆徂弩泸枦餔晡嚅蚨谀毋毌杇芙喁顱轳洙邾洙麸膜瓠恶荸芋嫛呕驽喻鸲枸侏齲葫懦狢

问刘十九　白居易
绿蚁新醅酒，红泥小火炉。
晚来天欲雪，能饮一杯无？

席上贻歌者　郑谷
花月楼台近九衢，清歌一曲倒金壶。
座中亦有江南客，莫向春风唱鹧鸪。

江汉　杜甫
江汉思归客，乾坤一腐儒。
片云天共远，永夜月同孤。
落日心犹壮，秋风病欲苏。

古来存老马,不必取长途。

九日　耿湋

重阳寒寺满秋梧,客在南楼顾老夫。

步蹇强登游藻井,发稀那更插茱萸。

横空过雨千峰出,大野新霜万叶枯。

更望尊中菊花酒,殷勤能得几回沽。

【上平　八齐】齐蛴脐黎犁藜梨璃鹥妻萋凄堤𫘝鞮低氐诋题提荑缔篦绨鹈缇鸡稽兮奚嵇蹊徯傒倪霓猊鲵西栖犀嘶撕梯鼙批挤跻迷泥麑溪亝圭闺袿睽奎携畦骊鹂悽

春怨　金昌绪

打起黄莺儿,莫教枝上啼。

啼时惊妾梦,不得到辽西。

野池　王建

野池水满连秋堤,菱花结实蒲叶齐。

川口雨晴风复止,蜻蜓上下鱼东西。

畏人　杜甫

早花随处发,春鸟异方啼。

万里清江上,三年落日低。

畏人成小筑,褊性合幽栖。

门径从榛草,无心待马蹄。

病鹘吟　贾岛

俊鸟还投高处栖，腾身戛戛下云梯。

有时透雾凌空去，无事随风入草迷。

迅疾月边捎玉兔，迟回日里拂金鸡。

不缘毛羽遭零落，焉肯雄心向尔低。

【上平　九佳】佳街鞋牌柴钗差崖涯阶偕谐骸排乖怀淮豺侪埋霾斋娲蜗娃哇皆荄喈揩蛙楷槐鲑俳

秋蛩　雍裕之

雨绝苍苔地，月斜青草阶。

蛩鸣谁不怨，况是正离怀。

书斋漫兴　翁承赞

官事归来衣雪埋，儿童灯火小茅斋。

人家不必论贫富，惟有读书声最佳。

赠殷山人　李远

有客抱琴宿，值予多怨怀。

啼乌弦易断，啸鹤调难谐。

曲罢月移幌，韵清风满斋。

谁能将此妙，一为奏金阶。

遣悲怀　元稹

谢公最小偏怜女，自嫁黔娄百事乖。

顾我无衣搜荩箧，泥他沽酒拔金钗。

野蔬充膳甘长藿,落叶添薪仰古槐。
今日俸钱过十万,与君营奠复营斋。

【上平 十灰】 灰恢魁隈回徊枚槐(音huí)梅媒煤瑰雷叠颏催摧堆陪杯醅嵬推开哀埃台苔该才材财裁来莱栽哉灾猜胎苔孩洄㶟莓祩缞崔裴培坏骀垓陔俫鎚皑傀崃诙煨桅荄能佁茴酶偎隈㾟咍

登楼　顾况

高阁成长望,江流雁叫哀。
凄凉故吴事,麋鹿走荒台。

山中与幽人对酌　李白

两人对酌山花开,一杯一杯复一杯。
我醉欲眠卿且去,明朝有意抱琴来。

正月十五夜　苏味道

火树银花合,星桥铁锁开。
暗尘随马去,明月逐人来。
游妓皆秾李,行歌尽落梅。
金吾不禁夜,玉漏莫相催。

始闻秋风　刘禹锡

昔看黄菊与君别,今听玄蝉我却回。
五夜飕飗枕前觉,一年颜状镜中来。
马思边草拳毛动,雕眄青云睡眼开。
天地肃清堪四望,为君扶病上高台。

【上平　十一真】真因茵辛新薪晨辰臣人仁神亲申伸绅身宾滨邻鳞麟珍嗔尘陈春津秦频苹颦银垠筠巾囷民珉缗贫莼淳醇纯唇伦纶轮沦匀旬巡驯钧均臻榛姻宸寅嫔彬鹑皴遵循振甄禋岷谆椿询恂峋莘埻屯驲呻鏻磷辚璘濒闽闉逡泯洵溱湮夤傧荀竣赈纫鄞抡畛嶙斌氤驎燐蓁

宿建德江　孟浩然

移舟泊烟渚，日暮客愁新。
野旷天低树，江清月近人。

米囊花　郭震

开花空道胜于草，结实何曾济得民。
却笑野田禾与黍，不闻弦管过青春。

和蕃　戎昱

汉家青史上，计拙是和亲。
社稷依明主，安危托妇人。
岂能将玉貌，便拟静胡尘。
地下千年骨，谁为辅佐臣。

冬至　杜甫

年年至日长为客，忽忽穷愁泥杀人。
江上形容吾独老，天边风俗自相亲。
杖藜雪后临丹壑，鸣玉朝来散紫宸。
心折此时无一寸，路迷何处见三秦。

【上平 十二文】 文闻纹蚊云氛分纷芬焚坟群裙君军勤斤筋勋熏薰曛醺荤耘芸汾濆雰氲员欣芹殷沄昕煴贲赟雯蕲

山夜调琴　王绩

促轸乘明月，抽弦对白云。
从来山水韵，不使俗人闻。

别董大　高适

千里黄云白日曛，北风吹雁雪纷纷。
莫愁前路无知己，天下谁人不识君。

出塞　杨炯

塞外欲纷纭，雌雄犹未分。
明堂占气色，华盖辨星文。
二月河魁将，三千太乙军。
丈夫皆有志，会见立功勋。

早春归盩厔旧居却寄耿拾遗湋李校书端　卢纶

野日初晴麦垄分，竹园相接鹿成群。
几家废井生青草，一树繁花傍古坟。
引水忽惊冰满涧，向田空见石和云。
可怜荒岁青山下，惟有松枝好寄君。

【上平 十三元】 元原源鼋园猿辕垣烦繁蕃樊翻璠萱暄喧冤言轩藩魂浑裈温孙门尊樽存蹲敦墩暾屯豚村盆奔论坤昏婚阍痕根恩吞沅媛援膰蹯燔爰繁攀幡番反埙鸳鸯宛鞬昆琨鹍鲲缊扪荪飧惇苞仑髡

跟垠蕰鵷袁怨蜿涽炖饨臀喷纯

斑竹　刘长卿

苍梧千载后，斑竹对湘沅。

欲识湘妃怨，枝枝满泪痕。

春申君　杜牧

烈士思酬国士恩，春申谁与快冤魂。

三千宾客总珠履，欲使何人杀李园。

春水　杜甫

三月桃花浪，江流复旧痕。

朝来没沙尾，碧色动柴门。

接缕垂芳饵，连筒灌小园。

已添无数鸟，争浴故相喧。

咏怀古迹五首之三　杜甫

群山万壑赴荆门，生长明妃尚有村。

一去紫台连朔漠，独留青冢向黄昏。

画图省识春风面，环佩空归夜月魂。

千载琵琶作胡语，分明怨恨曲中论。

【上平　十四寒】寒韩翰丹殚单安鞍难餐滩坛檀弹残干肝竿乾阑栏澜兰看刊丸桓纨湍酸团抟攒官观冠鸾銮栾峦欢宽盘蟠漫汗邗叹摊姗珊玕奸剜棺钻瘢谩瞒蹒胖弁箄拦完莞獾拌掸崔佁繁曼馒鳗谰洹滦

听弹琴　刘长卿

泠泠七弦上，静听松风寒。
古调虽自爱，今人多不弹。

苏溪亭　戴叔伦

苏溪亭上草漫漫，谁倚东风十二阑。
燕子不归春事晚，一汀烟雨杏花寒。

罗江客舍　戎昱

山县秋云暗，茅亭暮雨寒。
自伤庭叶下，谁问客衣单。
有兴时添酒，无聊懒整冠。
近来乡国梦，夜夜到长安。

无题　李商隐

相见时难别亦难，东风无力百花残。
春蚕到死丝方尽，蜡炬成灰泪始干。
晓镜但愁云鬓改，夜吟应觉月光寒。
蓬山此去无多路，青鸟殷勤为探看。

【上平　十五删】删潸关弯湾还环镮鹇鬟寰圜班斑颁般蛮颜菅奸攀顽山鳏艰闲间娴悭孱潺殷斓扳讪患

问淮水　白居易

自嗟名利客，扰扰在人间。
何事长淮水，东流亦不闲？

塞上听吹笛　高适

雪净胡天牧马还，月明羌笛戍楼间。

借问梅花何处落，风吹一夜满关山。

折杨柳　郑愔

青柳映红颜，黄云蔽紫关。

忽闻边使出，枝叶为君攀。

舞腰愁欲断，春心望不还。

风花滚成雪，罗绮乱斑斑。

秋日题窦员外崇德里新居　刘禹锡

长爱街西风景闲，到君居处暂开颜。

清光门外一渠水，秋色墙头数点山。

疏种碧松通月朗，多栽红药待春还。

莫言堆案无馀地，认得诗人在此间。

【下平　一先】先前千阡笺鞯天坚肩贤弦烟燕莲怜田填钿年颠巅牵妍研眠渊涓蠲边编玄县泉迁仙鲜钱煎然延筵甄旃鳣羶禅蝉缠连联涟篇偏便绵全宣镌穿川缘鸢铅捐旋娟船涎鞭铨筌专砖圆员乾虔愆骞权拳椽传焉跹芊溅舷咽骈阗鹃甄翩扁沿诠痊佺悛荃遄卷挛戋仟佃滇潺孱婵颛褰犍搴嫣癣澶单锏扇璇蜷棉橼

春庄　王勃

山中兰叶径，城外李桃园。

岂知人事静，不觉鸟声喧。

枫桥夜泊　张继

月落乌啼霜满天,江枫渔火对愁眠。
姑苏城外寒山寺,夜半钟声到客船。

春日怀归　杜审言

心是伤归望,春归异往年。
河山鉴魏阙,桑梓忆秦川。
花杂芳园鸟,风和绿野烟。
更怀欢赏地,车马洛桥边。

盐州过胡儿饮马泉　李益

绿杨著水草如烟,旧是胡儿饮马泉。
几处吹笳明月夜,何人倚剑白云天。
从来冻合关山路,今日分流汉使前。
莫遣行人照容鬓,恐惊憔悴入新年。

【下平　二萧】萧箫挑貂刁凋雕迢条髫跳蜩苕调枭浇聊辽寥撩僚寮尧峣幺宵消霄绡销超朝潮器樵谯骄娇焦蕉椒饶桡烧侥遥姚摇谣瑶韶昭招飚标杓镳瓢苗描猫要腰邀乔桥侨妖夭漂飘翘祧佻徼鹩漻僥娆陶橇劭潇骁鲦獠窑珧硝鹨钊猺蛲藻峤轿荞嘹逍燎憔剽

咏声　韦应物

万物自生听,太空恒寂寥。
还从静中起,却向静中消。

湘江泛舟　杨凭

湘川洛浦三千里,地角天涯南北遥。
除却同倾百壶外,不愁谁奈两魂销。

塞下曲　李白

骏马似风飙,鸣鞭出渭桥。
弯弓辞汉月,插羽破天骄。
阵解星芒尽,营空海雾消。
功成画麟阁,独有霍嫖姚。

送张六谏议归朝　武元衡

诏书前日下丹霄,头戴儒冠脱皂貂。
笛怨柳营烟漠漠,云愁江馆雨萧萧。
鸳鸿得路争先翥,松柏凌寒独后凋。
归去朝端如有问,玉门关外老班超。

【下平 三肴】 肴巢交郊茅嘲钞包胶爻苞梢蛟庖匏坳敲胞抛鲛崤铙炮髾哮麃捎茭哨淆泡跑咬啁教咆鞘鸡剿刨佼姣唠

村西杏花　司空图

肌细分红脉,香浓破紫苞。
无因留得玩,争忍折来抛。

燕离巢　薛涛

出入朱门未忍抛,主人常爱语交交。
衔泥秽污珊瑚枕,不得梁间更垒巢。

和刘补阙秋园寓兴之什十首之二　朱庆馀

谁言高静意，不异在衡茅。

竹冷人离洞，天晴鹤出巢。

深篱藏白菌，荒蔓露青匏。

几见中宵月，清光坠树梢。

秋居病中　雍陶

幽居悄悄何人到，落日清凉满树梢。

新句有时愁里得，古方无效病来抛。

荒檐数蝶悬蛛网，空屋孤萤入燕巢。

独卧南窗秋色晚，一庭红叶掩衡茅。

【下平　四豪】豪毫操绦髦刀萄猱桃褒糟漕旄袍挠蒿涛皋号陶鳌翱鼇敖曹遭篙羔高嘈搔毛艘滔骚韬缫膏牢醪逃槽劳艚洮叨绸璈舠饕骜熬臊涝淘屃挑嚣捞嘈薅咎谣

哥舒歌　西鄙人

北斗七星高，哥舒夜带刀。

至今窥牧马，不敢过临洮。

咏柳　贺知章

碧玉妆成一树高，万条垂下绿丝绦。

不知细叶谁裁出，二月春风似剪刀。

新栽松　齐己

野僧教种法，苒苒出蓬蒿。

百岁催人老，千年待尔高。

静宜兼竹石，幽合近猿猱。

他日成阴后，秋风吹海涛。

咏怀古迹五首之五　杜甫

诸葛大名垂宇宙，宗臣遗像肃清高。

三分割据纡筹策，万古云霄一羽毛。

伯仲之间见伊吕，指挥若定失萧曹。

运移汉祚终难复，志决身歼军务劳。

【下平　五歌】歌多罗河戈阿和波科柯陀娥蛾鹅萝荷何过磨螺禾窠哥娑驼佗沱鼍峨那娜苛诃珂轲莎蓑梭婆摩魔讹靴坡颇莪俄哦呵皤么涡窝跎蹉倭搓蝌箩锅倭嵯枷锣

送别　王之涣

杨柳东风树，青青夹御河。

近来攀折苦，应为离别多。

回乡偶书二首其二　贺知章

离别家乡岁月多，近来人事半消磨。

唯有门前镜湖水，春风不改旧时波。

蒹葭　杜甫

摧折不自守，秋风吹若何。

暂时花戴雪，几处叶沉波。

体弱春风早，丛长夜露多。

江湖后摇落，亦恐岁蹉跎。

奉寄别马巴州　杜甫

勋业终归马伏波，功曹非复汉萧何。

扁舟系缆沙边久，南国浮云水上多。

独把鱼竿终远去，难随鸟翼一相过。

知君未爱春湖色，兴在骊驹白玉珂。

【下平 六麻】麻花霞家茶华沙车牙蛇瓜斜邪芽嘉瑕纱鸦遮叉葩奢楂琶衙赊涯夸巴加耶嗟遐笳差蟆蛙虾拿葭茄迦呀枷哑娲爬杷蜗芭鲨珈枒骅娃洼畲丫夸裟瘕䥽桠杈椰笆桦迦

天涯　李商隐

春日在天涯，天涯日又斜。

莺啼如有泪，为湿最高花。

永王东巡歌十一首其二　李白

三川北虏乱如麻，四海南奔似永嘉。

但用东山谢安石，为君谈笑净胡沙。

禹庙　杜甫

禹庙空山里，秋风落日斜。

荒庭垂桔柚，古屋画龙蛇。

云气生虚壁，江声走白沙。

早知乘四载，疏凿控三巴。

陪金陵府相中堂夜宴　韦庄

满耳笙歌满眼花，满楼珠翠胜吴娃。
因知海上神仙窟，只似人间富贵家。
绣户夜攒红烛市，舞衣晴曳碧天霞。
却愁宴罢青娥散，扬子江头月半斜。

【下平　七阳】阳杨扬香乡光昌堂章张王房芳长塘妆常凉霜藏场央泱鸯秧嫱狼床方浆舫梁娘庄黄仓皇装殇襄骧相湘箱缃创忘芒望尝偿樯枪坊囊郎唐狂强肠康冈苍匡荒遑行妨棠翔良航飏倡佒羌庆姜僵缰苤粮穰将墙桑刚祥详洋旸徉伴粱量羊伤汤魴樟彰漳璋猖商防筐篁煌隍凰蝗惶璜榔廊浪裆沧纲亢吭潢钢丧盲簧忙茫傍汪臧琅当珰庠裳昂障糖疡锵杭邙湟赃滂攘攮瓢抢螳跄炀閶亡殃蔷镶孀搪彷胱磅膀螃

静夜思　李白

床前明月光，疑是地上霜。
举头望明月，低头思故乡。

送柴侍御　王昌龄

沅水通波接武冈，送君不觉有离伤。
青山一道同云雨，明月何曾是两乡。

严郑公宅同咏竹得香字　杜甫

绿竹半含箨，新梢才出墙。
色侵书帙晚，阴过酒樽凉。

雨洗娟娟净，风吹细细香。

但令无剪伐，会见拂云长。

闻官军收河南河北 杜甫

剑外忽传收蓟北，初闻涕泪满衣裳。

却看妻子愁何在，漫卷诗书喜欲狂。

白日放歌须纵酒，青春作伴好还乡。

即从巴峡穿巫峡，便下襄阳向洛阳。

【下平 八庚】庚更羹坑横觥彭棚亨英瑛烹平枰评京惊荆明盟鸣荣莹兵兄卿生甥笙牲檠擎鲸黥迎行衡耕萌氓甍紘宏闳茎罂莺樱泓橙筝争清情晴精睛菁旌晶盈楹瀛嬴赢营婴缨贞成盛城诚呈程酲声征正钲轻名令并倾萦琼赓鹏霙瞠伧峥猩珩蘅铿嵘翃丁嘤鹦铮琤砰怦绷桢祯顷榜撄茔蜻坪

咏萤火示情人 李百药

窗里怜灯暗，阶前畏月明。

不辞逢露湿，只为重宵行。

从军行 王昌龄

琵琶起舞换新声，总是关山旧别情。

撩乱边愁听不尽，高高秋月照长城。

从军行 杨炯

烽火照西京，心中自不平。

牙璋辞凤阙，铁骑绕龙城。

雪暗凋旗画，风多杂鼓声。
宁为百夫长，胜作一书生。

赠王侍御　韦应物

心同野鹤与尘远，诗似冰壶见底清。
府县同趋昨日事，升沉不改故人情。
上阳秋晚萧萧雨，洛水寒来夜夜声。
自叹犹为折腰吏，可怜骢马路傍行。

【下平　九青】青经泾形刑邢硎铏型陉亭庭霆蜓廷渟停丁宁钉仃馨星腥醒惺俜灵棂龄铃苓伶零泠玲舲翎瓴囹聆听厅汀冥溟蓂螟铭瓶屏萍荧萤荥扃垌蛉濙町暝暝

劳劳亭　李白

天下伤心处，劳劳送客亭。
春风知别苦，不遣柳条青。

七夕　窦常

露盘花水望三星，仿佛虚无为降灵。
斜汉没时人不寐，几条蛛网下风庭。

朗上人院晨坐　许浑

簟凉襟袖清，月没尚残星。
山果落秋院，水花开晓庭。
疏藤风袅袅，圆桂露冥冥。
正忆江南寺，岩斋闻诵经。

寄和州刘使君　张籍

别离已久犹为郡,闲向春风倒酒瓶。
送客特过沙口堰,看花多上水心亭。
晓来江气连城白,雨后山光满郭青。
到此诗情应更远,醉中高咏有谁听。

【下平　十蒸】蒸烝承丞惩陵凌绫菱冰膺鹰应蝇绳渑乘升胜兴缯凭仍兢矜徵凝称登灯僧增曾憎罾层能棱朋鹏弘堋肱腾滕藤恒冯鬙扔誊

咏镜　骆宾王

写月无芳桂,照日有花菱。
不持光谢水,翻将影学冰。

谒山　李商隐

从来系日乏长绳,水去云回恨不胜。
欲就麻姑买沧海,一杯春露冷如冰。

冬夜感怀　王建

晚年恩爱少,耳目静于僧。
竟夜不闻语,空房唯有灯。
气嘘寒被湿,霜入破窗凝。
断得人间事,长如此亦能。

断酒　黄滔

未老先为百病仍,醉杯无计接宾朋。

免遭拽盏郎君谑,还被簪花录事憎。

丝管合时思索马,池塘晴后独留僧。

何因浇得离肠烂,南浦东门恨不胜。

【下平 十一尤】尤邮优忧流斿旒留榴骝刘由油游猷悠攸牛修羞秋楸周州洲舟酬仇柔俦畴筹稠邱抽湫遒收鸠不愁休囚求裘球浮谋牟眸矛侯猴喉讴沤鸥瓯楼娄陬偷头投钩沟幽彪疣绸浏瘤镠訧鞧蝣犹啾酋售蹂揉搜叟邹貅泅裯逑俅蜉桴罘鍫欧髅蝼呦兜惆缪繇区

入朝洛堤步月　上官仪

脉脉广川流,驱马历长洲。

鹊飞山月曙,蝉噪野风秋。

闺怨　王昌龄

闺中少妇不知愁,春日凝妆上翠楼。

忽见陌头杨柳色,悔教夫婿觅封侯。

宫中行乐词八首其六　李白

今日明光里,还须结伴游。

春风开紫殿,天乐下朱楼。

艳舞全知巧,娇歌半欲羞。

更怜花月夜,宫女笑藏钩。

登池州九峰楼寄张祜　杜牧

百感中来不自由,角声孤起夕阳楼。

碧山终日思无尽,芳草何年恨却休。

睫在眼前长不见，道非身外更何求。

谁人得似张公子，千首诗轻万户侯。

【下平　十二侵】侵寻浔林霖临针箴斟沉砧深淫心琴禽擒钦衾吟今襟金音阴岑簪琳琛椹谌忱壬任纴黔歆禁愔喑森瘖参檎浸妊湛

送朱大入秦　孟浩然

游人五陵去，宝剑值千金。

分手脱相赠，平生一片心。

酬朱庆馀　张籍

越女新妆出镜心，自知明艳更沉吟。

齐纨未足人间贵，一曲菱歌敌万金。

与诸子登岘山　孟浩然

人事有代谢，往来成古今。

江山留胜迹，我辈复登临。

水落鱼梁浅，天寒梦泽深。

羊公碑尚在，读罢泪沾襟。

桃花　李中

只应红杏是知音，灼灼偏宜间竹阴。

几树半开金谷晓，一溪齐绽武陵深。

艳舒百叶时皆重，子熟千年事莫寻。

谁步宋墙明月下，好香和影上衣襟。

【下平 十三覃】覃潭谭参骖南楠男谙庵含涵函岚蚕探贪耽湛龛堪谈甘三酣篮柑泔惭蓝婪惨

留别四首其二　唐彦谦

野花红滴滴，江燕语喃喃。

鼓吹翻新调，都亭酒正酣。

春日钱塘杂兴二首其一　施肩吾

酒姥溪头桑裊裊，钱塘郭外柳毵毵。

路逢邻妇遥相问，小小如今学养蚕。

秋思　白居易

夕照红于烧，晴空碧胜蓝。

兽形云不一，弓势月初三。

雁思来天北，砧愁满水南。

萧条秋气味，未老已深谙。

西塞山下作　韦庄

西塞山前水似蓝，乱云如絮满澄潭。

孤峰渐映湓城北，片月斜生梦泽南。

爨动晓烟烹柴蕨，露和香蒂摘黄柑。

他年却棹扁舟去，终傍芦花结一庵。

【下平 十四盐】盐檐廉帘嫌严髯谦奁纤签瞻蟾炎添兼缣沾尖潜镰粘淹箝甜恬铦暹詹黔鹣鲇兼钤阎砭

赠王九　孟浩然

日暮田家远，山中勿久淹。

归人须早去，稚子望陶潜。

漫兴九首其八　杜甫

舍西柔桑叶可拈，江畔细麦复纤纤。

人生几何春已夏，不放香醪如蜜甜。

偶题　温庭筠

孔雀眠高阁，樱桃拂短檐。

画明金冉冉，筝语玉纤纤。

细雨无妨烛，轻寒不隔帘。

欲将红锦段，因梦寄江淹。

三月三日　白居易

画堂三月初三日，絮扑窗纱燕拂檐。

莲子数杯尝冷酒，柘枝一曲试春衫。

阶临池面胜看镜，户映花丛当下帘。

指点楼南玩新月，玉钩素手两纤纤。

【下平　十五咸】咸鹹缄谗衔岩帆衫杉监凡馋芟喃嵌掺搀严

（下平声十五咸韵脚字少，未找到五绝例诗）

送桃岩成上人归本寺　严维

长老归缘起，桃花忆旧岩。

清晨云抱石，深夜月笼杉。

道具门人捧，斋粮谷鸟衔。

余生愿依止，文字欲三缄。

隋宫　李商隐

乘兴南游不戒严，九重谁省谏书函。

春风举国裁宫锦，半作障泥半作帆。

老君庙　温庭筠

紫气氤氲捧半岩，莲峰仙掌共巉巉。

庙前晚色连寒水，天外斜阳带远帆。

百二关山扶玉座，五千文字闷瑶缄。

自怜金骨无人识，知有飞龟在石函。

第五节 诗韵组词

本节是将上下平声韵部字都组了词。所组之词均以有古意、有诗感为先,对近体诗的创作有极大帮助,写诗的时候可以体会的到。

【上平 一东】

东 [河东 浙东 岭东 京东 湖东 江东 镇东 征东 墙东 山东 关东 辽东]

同 [异同 苟同 协同 情同 参同]

铜 [赤铜 漏催铜]

桐 [古桐 碧桐 爨桐 翠桐 焦桐 疏桐 梓桐 梧桐 青桐]

筒 [银筒 翠筒 香筒 筠筒 诗筒 蕉筒 书筒]

童 [牧童 钓童 仙童 琴童 灵童 樵童 村童]

僮 [侍僮 山僮 奚僮]

瞳 [双瞳 青瞳 转瞳 重瞳]

筩 [吸筩 碧筩]

中 [镜中 目中 匣中 箧中 此中 途中 囊中 眼中 意中 禁中 朝中 宫中 闱中 醉中 雨中 诗中 闲中]

衷 [折衷 寸衷 由衷 圣衷 取衷 隐衷 深衷 愚衷 渊衷]

忠 [孤忠 精忠 朴忠 怀忠 效忠 愚忠]

虫 [狡虫 草虫 蛰虫 金虫 秋虫 吟虫 寒虫 鸣虫]

冲 [幼冲 抱冲 青冲 谦冲 虚冲 灵冲 渊冲]

终 [始终 曲终 令终 善终 慎终 图终]

戎 [总戎 女戎 伏戎 元戎 从戎 兴戎 西戎 兵戎 参戎]

崇 [石崇 尊崇 钦崇 攸崇 功崇 姚崇]

嵩 [碧嵩 高嵩 呼嵩 衡嵩 秋嵩]

菘 [早菘 晚菘 秋菘 葵菘 白菘 嫩菘 绿菘]

弓 [执弓 挂弓 雕弓 良弓 弯弓 惊弓]

躬 [持躬 厥躬 省躬 玉躬 微躬 反躬 直躬 圣躬]

宫 [汉宫 楚宫 故宫 秦宫]

融 [浑融 祝融]

雄 [七雄 群雄 气雄 豪雄 文雄 扬雄]

熊 [梦熊 当熊 兆熊 猎熊 画熊 非熊 占熊]

穹 [碧穹 紫穹 昊穹 上穹 苍穹 秋穹 高穹 清穹 摩穹]

穷 [御穷 困穷 送穷 固穷 振穷 数穷 道穷 守穷 势穷 智穷 途穷]

冯 [诸冯 歌冯]

风 [朔风 蕙风 晓风 晚风 古风 细风 家风 香风 长风 英风 素风 流风 凉风 悲风 轻风 金风 天风 松风 熏风 乘风 临风 民风 闻风]

枫 [晚枫 落枫 锦枫 冷枫 丹枫 霜枫 江枫 青枫]

丰 [岁丰 物丰 年丰 财丰 元丰]

充 [廓充 气充 道充]

隆 [穹隆 优隆 光隆]

空 [碧空 蔽空 半空 晴空 六空 长空 寒空 摩空 横空 浮空 遥空 凌空 澄空 当空]

公 [谢公 郭公 秉公 自公 三公 愚公 明公 天公]

功 [建功 累功 元功 表功 争功 奇功 归功]

工 [精工 画工 百工 天工 神工 良工 求工]

攻 [火攻 力攻 战攻 相攻]

蒙 [发蒙 昏蒙 困蒙 阿蒙 童蒙 鸿蒙]

濛 [鸿濛 空濛 冥濛 微濛]

笼 [牢笼 鹤笼 纱笼 雕笼 薰笼 樊笼 开笼 烟笼 轻笼]

聋 [半聋 顽聋 宋聋 痴聋 治聋 振聋]

栊 [绛栊 玉栊 绮栊 房栊 星栊 帘栊 珠栊 雕栊]

珑 [瓦珑 鸿珑 玲珑]

洪 [宽洪 声洪 射洪 恢洪]

红 [碎红 落红 剪红 啼红 裁红 轻红 残红 飘红 飞红]

鸿 [断鸿 朔鸿 征鸿 飞鸿 惊鸿 轻鸿 栖鸿 哀鸿 烟鸿 霜鸿 秋鸿]

虹 [玉虹 白虹 断虹 锦虹 晚虹 长虹 江虹 垂虹]

丛 [草丛 碧丛 石丛 桂丛 满丛 花丛 芳丛 幽丛 竹丛]

翁 [老翁 钓翁 野翁 塞翁 醉翁 山翁 渔翁 诗翁 仙翁 邻翁]

葱 [绮葱 削葱 郁葱 水葱 茏葱 青葱 山葱 春葱]

聪 [帝聪 听聪 宸聪 天聪 圣聪]

骢 [玉骢 青骢 花骢 乘骢 随骢 步骢]

鬃 [金鬃 风鬃 朱鬃]

通 [贯通 变通 会通 灵通 开通 兼通 疏通 穷通 相通 交通]

蓬 [断蓬 旋蓬 飞蓬 转蓬 秋蓬 嵩蓬 惊蓬 飘蓬]

篷 [钓篷 雨篷 雪篷 短篷 船篷 孤篷 掩篷 疏篷]

烘 [晴烘 冬烘 微烘]　　潼 [济潼 梓潼 河潼 崤潼]

曚 [发曚 愚曚]　　朧 [朦胧 空胧 曈胧]

芎 [无芎 香芎]　　硿 [巧硿 磋硿 新硿]

峒 [空峒 崔峒]　　螽 [阜螽 草螽 斯螽 春螽 青螽]

灃 [清灃 周灃]　　濛 [濛濛 飞濛 清濛 惊濛]

曈 [曈曈 秋曈]　　鮦 [玄鮦]

忡 [有忡 忡忡]　　崧 [维崧]

恫 [怨恫 心恫 罔恫]　　棕 [海棕 碧棕 寒棕]

蝀 [螮蝀]　　侗 [倥侗]

艨 [艨艟]　　瀜 [沖瀜 瀜瀜]

窿 [穹窿 苍窿]　　朦 [胧朦]

芃 [葵芃 律芃]　　盅 [虚盅 中盅（一种游戏，类投壶）]

芎 [野芎 川芎]　　倥 [倥侗]

绒 [石绒 红绒 唾绒 香绒]

【上平　二冬】

冬 [杪冬 忍冬 三冬 严冬 残冬 隆冬 穷冬 寒冬]

农 [悯农 劝农 司农 归农 巡农 力农 务农 山农 神农 三农]

宗 [文宗 列宗 华宗 禅宗 儒宗 朝宗]

钟（计量单位）[万钟 玉钟 金钟 千钟]

钟（计时单位）[夜钟 晓钟 晚钟 暮钟 禁钟 宵钟 鼎钟 曙钟 远钟 晨钟 歌钟 闻钟 敲钟 清钟 梵钟 林钟]

龙 [蛰龙 画龙 篛龙 玉龙 衮龙 伏龙 烛龙 火龙 五龙 毒龙 神龙 夔龙 虬龙 蛟龙 蟠龙 乘龙 攀龙 从龙 苍龙 雕龙]

春 [晓春 宿春 晚春 市春 赁春 月春 山春 邻春]

松 [老松 赤松 怪松 乔松 云松 孤松 青松 贞松 霜松 苍松 长松]

冲 [折冲 水冲 要冲 横冲 云冲]

容 [玉容 冶容 丽容 芳容 动容 姿容 秋容 减容 改容 敛容 忧容 娇容 花容 音容 修容]

蓉 [玉蓉 紫蓉 玉芙蓉]

庸 [至庸 凡庸 登庸 才庸 居庸]

封 [华封 黄封 冰封 追封 尘封 花封 素封 缄封 霜封 斜封 邻封]

胸 [扪胸 抚胸 束胸 萦胸 心胸]

雍 [国雍 辟雍 肃雍 时雍 临雍 歌雍 三雍 陶雍]

浓 [翠浓 睡浓 情浓 烟浓 花浓 香浓]

重 [碧重 九重 衣重 深重 檐重 万重]

从 [顺从 曲从 景从 服从 想从 何从 无从 追从]

逢 [偶逢 再逢 忽逢 重逢 躬逢 乍逢 屡逢 相逢 难逢 遭逢 欣逢]

缝 [懒缝 弥缝 新缝]

茸 [绿茸 碧茸 蒙茸 红茸]

踪 [萍踪 行踪 侠踪 客踪 游踪 芳踪 旧踪 绝踪]

峰 [翠峰 远峰 碧峰 乱峰 晓峰 银峰 群峰 孤峰 遥峰 危峰]

蜂 [锦蜂 游蜂 群蜂 园蜂 狂蜂]

锋 [挫锋 机锋 藏锋 争锋 催锋 销锋 折锋 词锋 前锋 禅锋]

烽 [夜烽 塞烽 息烽 传烽 边烽]

蛩 [砌蛩 听蛩 夜蛩 秋蛩 莎蛩 寒蛩 鸣蛩]

筇（手杖）[倚筇 瘦筇 短筇 扶筇 携筇 枯筇 疏筇 曳筇 长筇]

凶 [岁凶 鞠凶 丰凶 年凶 元凶 荒凶 穷凶]

墉 [列墉 四墉 城墉 垣墉 金墉 崇墉 穿墉 高墉]

恭 [允恭 肃恭 克恭 礼恭 谦恭 弥恭 虚恭 严恭]

溶 [月溶 游溶 鸿溶 摇溶 悠溶]

镕 [冶镕 铸镕 未镕 陶镕]

秾 [丰秾 情秾 妖秾 繁秾 春秾]

侬 [负侬 懊侬 怨侬 吴侬 情侬]

镛 [大镛 霜镛 笙镛 金镛]　　佣 [雇佣 帮佣 春佣]

憃 [娇憃 春憃]　　　　　　供 [岁供 正供 阙供]

悰 [久悰 寡悰 情悰]　　　　淙 [石淙 悬淙]

松 [蓬松 轻松]　　　　　　茏 [答茏 蓬茏]

醲 [薰醲]　　　　　　　　　邛 [临邛]

鄘 [邶鄘 旧鄘]　　　　　　喁 [唱喁 喁喁]

邕 [蔡邕 李邕]　　　　　　壅 [五壅 蔽壅]

枞 [美枞 楔枞 松枞]　　　　胕 [肥胕]

淞 [吴淞]　　　　　　　　　忪 [惺忪 怔忪]

荸 [采荸 泽荸 湖荸]　　汹 [水势汹汹]

嗛（鸟声）[嗛嗛]　　丰 [华丰 清丰 隆丰]

鳙 [鲋鳙 胡鳙]　　　　銎 [斧銎 方銎]

榕 [连理榕 满庭榕]　　彤 [珥彤 丹彤 管彤]

【上平　三江】

江 [九江 楚江 碧江 汉江 暮江 涉江 晓江 长江 清江 寒江 湘江 吴江 临江 春江 横江 枫江 西江]

杠 [画杠 石杠 云杠]　　扛 [可扛 力扛]

釭（一种灯）[晓釭 月釭 渔釭 兰釭 秋釭 寒釭 残釭 星釭 银釭]

厖（máng）[骏厖 纯厖 道厖 意厖 敦厖]

尨（máng）[夜尨 灵尨 仙尨 惊尨]

哤（máng）[幻哤 乱哤 纷哤]

窗 [碧窗 绿窗 启窗 纸窗 映窗 透窗 隔窗 纱窗 寒窗 北窗 晓窗 雪窗 夜窗 书窗 篷窗 梅窗 当窗 风窗 推窗 南窗 灯窗]

邦 [帝邦 旧邦 大邦 万邦 异邦 友邦 家邦 安邦]

艭（shuāng，古书上说的一种小船）[吴艭 归艭 客艭]

缸 [翠缸 满缸 开缸 浮缸 春缸]

摐 [春摐 摐摐]　　　　鏦 [铮鏦 鏦鏦]

降 [未肯降 望风降]　　双 [叠双 无双 成双]

庞 [敦庞 眉庞 褎庞 高庞]　　逄 [龙逄（关龙逄，夏朝忠臣）]

腔 [成腔 新腔 淮腔 边腔]　　桩 [马桩 移桩]

悾 [悾悾]　　　　　　幢 [翠幢 绣幢 云幢 摩幢 旌幢]

桩 [马桩 移桩]　　　　淙 [淙淙 琤淙 飞淙]

茳（jiāng）[兰茳 绿茳]　　橦（tóng）[翻橦 修橦]

瑽 [玎瑽]　　　　　　豇 [赤豇]

【上平　四支】

支 [干支 难支 弱支 分支 宗支 旁支 千支]

枝 [折枝 荔枝 桂枝 素枝 碧枝 蕙枝 连枝 花枝 繁枝 新枝 嫩枝 竹枝 绕枝 青枝 疏枝 柔枝 斜枝 枯枝 旁枝]

移 [转移 不移 日移 景移 月移 推移 星移 迁移]

为 [有为 勉为 不为 敢为 修为 无为 施为 难为 何为 人为]

垂 [露垂 柳垂 下垂 绿垂 泪垂 名垂 低垂]

吹 [笛吹 卧吹 横吹 鱼吹 相吹 角吹 风吹]

陂 [绿陂 葛陂 月陂 锦陂 水陂 山陂 霜陂 野陂]

碑 [勒碑 卧碑 口碑 树碑 断碑 残碑 丰碑 寻碑]

奇 [好奇 问奇 伟奇 居奇 矜奇]

宜 [便宜 得宜 权宜 最宜 适宜 时宜 咸宜]

仪 [礼仪 两仪 威仪 容仪 张仪 令仪 光仪 朝仪]

皮 [虎皮 织皮 霜皮 桑皮]

儿 [侍儿 小儿 健儿 玉儿 佳儿 痴儿 呼儿 婴儿 可儿 吴儿]

离 [别离 支离 陆离 黍离 乍离 怃离 暂离 迁离 分离 流离 迷离]

施 [设施 声施 措施 广施 遍施 逆施 西施 恩施 敷施 薄施]

知 [四知 旧知 共知 相知 无知 何知 新知 心知 奚知 闻知]

驰 [交驰 横驰 星驰 遥驰 远驰 驱驰 风驰 神驰 声驰 心驰]

池 [凤池 砚池 酒池 月池 曲池 龙池 半池 小池 瑶池 临池 西池]

规 [子规 素规 箴规 良规 英规 循规 萧规]

危 [履危 自危 安危 身危 倾危 临危 扶危 存危]

夷 [险夷 武夷 外夷 四夷 蛮夷 东夷 辛夷 九夷 希夷 西夷]

师 [帝师 六师 出师 京师 班师 座师 房师 名师 择师 求师]

姿 [艳姿 异姿 逸姿 风姿 天姿 冰姿 娇姿 仙姿 琼姿 雄姿 英姿 清姿 殊姿 龙姿 含姿]

迟 [马迟 怨迟 来迟 栖迟]

龟 [拂龟 石龟 藏龟 蓍龟 梦龟 玉龟 放龟 灵龟 神龟 腰龟]

眉 [画眉 蛾眉 柳眉 长眉]

悲 [可悲 独悲 慈悲 含悲 伤悲 堪悲 春悲 长悲]

之 [挽之 叩之 念之 献之 羲之 微之 安之 宗之 凝之]

芝 [紫芝 灵芝 仙芝]

时 [四时 昔时 俟时 感时 此时 过时 不时 少时 有时 几时 伤时 平时 他时 忧时 别时 济时 醉时 何时 花时 当时 嘉时 良时 移时 芳时 匡时 农时 梦时 天时 儿时]

诗 [新诗 赠诗 艳诗 赋诗 论诗 吟诗 删诗 寻诗 裁诗 祭诗 史诗]

棋 [善棋 弈棋 嗜棋 残棋 下棋 观棋 敲棋 胜棋]

旗 [彩旗 桂旗 酒旗 凤旗 卷旗 素旗 旌旗 牙旗 画旗 虎旗 龙旗 朱旗 春旗 将旗 灵旗 星旗 扬旗]

辞 [措辞 令辞 古辞 婉辞 诡辞 丽辞 情辞 楚辞 清辞 微辞 雄辞 伟辞 言辞 苏辞 慢辞 修辞 歌辞 陈辞 文辞]

词（同"辞"）

期 [先期 可期 有期 及期 佳期 如期 定期 相期 花期 秋期]

祠 [古祠 春祠 神祠 荒祠]

基 [定基 创基 帝基 灵基 根基]

疑 [莫疑 决疑 质疑 自疑 释疑 猜疑 嫌疑 狐疑 生疑 迟疑 危疑]

姬 [美姬 虞姬 瑶姬 楚姬 班姬 王姬 丽姬 吴姬 文姬 樊姬 如姬]

丝 [乱丝 彩丝 素丝 柳丝 钓丝 碧丝 缫丝 游丝 蛛丝 银丝 垂丝]

司 [王司 有司 典司 百司 专司 官司 分司 谏司]

葵 [夏葵 蜀葵 锦葵 紫葵 蒲葵 秋葵 露葵 烹葵 倾葵 拔葵 园葵]

医 [忌医 国医 就医 太医 巫医 梦医 求医 庸医]

帷 [绮帷 翠帷 素帷 寒帷 屏帷 绣帷 绛帷 卷帷 褰帷 秋帷 空帷 罗帷 重帷 帘帷 纱帷]

思 [巧思 相思 卧思 近思 慎思 幽思 沉思 遐思]

滋 [碧滋 蔓滋 蕃滋 荣滋 芳滋 含滋]

持 [护持 自持 把持 维持 扶持 操持 矜持 坚持 支持 难持 堪持]

随 [倡随 远随 顺随 影随 追随 相随 空随]

痴 [虎痴 娇痴 书痴 情痴]

维 [国维 解维 王维 羁维]

卮 [酒卮 玉卮 一卮 琼卮 千卮 金卮 倾卮]

縻 [秋縻 园縻 仙縻 游縻]

螭 [碧螭 蛟螭 蟠螭 苍螭 云螭]

麾 [节麾 羽麾 旌麾 前麾 戈麾]

墀 [绿墀 玉墀 金墀 碧墀 丹墀 天墀 兰墀 瑶墀]

弥 [沙弥 僧弥 须弥 云弥]

慈 [睿慈 天慈 圣慈 仁慈 孝慈 左慈]

遗 [采遗 滞遗 珠遗 拾遗 赠遗]

肌 [雪肌 冰肌 粉肌 丰肌 香肌 玉肌 侵肌]

脂 [点脂 玉脂 松脂 胭脂 凝脂 香脂 羊脂 唇脂 丹脂 芳脂 石脂]

雌 [守雌 雄雌 伏雌 挟雌 将雌 求雌]

披 [雾披 纷披 霓披 离披 遐披]

嬉 [聚嬉 笑嬉 鸟嬉 戏嬉 宴嬉 娱嬉 春嬉 群嬉]

尸 [公尸 谁尸 三尸 行尸]

狸 [野狸 梦狸 佛狸 寒狸 灵狸 香狸]

炊 [晚炊 午炊 新炊 晨炊 停炊]

湄 [绿湄 江湄 水湄 沧湄 秋湄]

篱 [竹篱 短篱 结篱 菊篱 隔篱 绕篱]

疲 [力疲 心疲 目疲 神疲 马疲 已疲 困疲]

蕤 [素蕤 玉蕤 翠蕤 葳蕤 兰蕤 松蕤 青蕤 芳蕤]

兹 [在兹 及兹 念兹 如兹]　　差 [参差]

卑 [位卑 秩卑 官卑 尊卑 居卑]　　茨 [秋茨 水茨]

亏 [盈亏 渐亏 无亏]　　骑 [善骑 独骑]

陲 [四陲 远陲 天陲 边陲 荒陲]

曦 [曙曦 晚曦 秋曦 朝曦 春曦 晴曦 和曦]
歧 [两歧 分歧 江歧 临歧]
岐 [幽岐 角岐]
谁 [待谁 伊谁 诉谁 与谁 阿谁 其谁 为谁]
斯 [若斯 螽斯 奚斯 李斯 如斯 于斯 波斯]
私 [燕私 寸私 自私 尔私 徇私 无私 偏私 公私]
窥 [暗窥 管窥 潜窥 斜窥 偷窥 鸟窥]
彝 [典彝 宗彝 虎彝 王彝 鼎彝 皇彝 清彝]
糜 [橡糜 肉糜 薄糜 豆糜 残糜 调糜 山糜]
箕 [北箕 斗箕 有箕 南箕 弓箕 微箕]
攲 [枕攲 花攲 虚攲 斜攲]　　熙 [纯熙 光熙 日熙 熙熙 荣熙]
笞 [鞭笞 榜笞]　　　　　　欺 [自欺 不欺 面欺 无欺 相欺]
羁 [不羁 受羁 玉羁]　　　　疵 [瑕疵 小疵 无疵 微疵 掩疵]
髭 [雪髭 吟髭 霜髭 拈髭 染髭]　颐 [两颐 解颐 丰颐 支颐]
资 [师资 英资 军资 天资]　　饥 [马饥 苦饥 忍饥 充饥 忘饥]
衰 [盛衰 将衰 未衰 兴衰 扶衰]　锥 [利锥 立锥 脱锥 囊锥 悬锥]
姨 [封姨 诸姨 阿姨]　　　　楣 [门楣 云楣 当楣 簷楣 绣楣]
夔 [四夔 苏夔 龙夔]　　　　祇 [地祇 百祇 苍祇 灵祇]
涯 [天涯 无涯 海涯 云涯]　　伊 [皋伊 嵩伊 桓伊]
蓍 [卜蓍]　　　　　　　　追 [莫追 堪追 可追 难追 穷追]
缁 [衣缁 僧缁]　　　　　　椎 [铁椎 奋椎 扬椎]
罳 [垂罳]　　　　　　　　罴 [梦罴 翠罴 熊罴 非罴 维罴]

鳌 [肇鳌 允鳌 总鳌 受鳌]　　萎 [枯萎 荣萎 红萎]

匙 [玉匙 银匙]　　澌 [晚澌 春澌 流澌 冰澌 凝澌]

脾 [肝脾 诗脾 沁脾]　　坻 [绿坻 丘坻 川坻 岩坻 丹坻]

骊 [扬骊 探骊 文骊 汉骊 驾骊]　　嶷 [九嶷]

飔 [细飔 薄飔 凉飔 金飔 轻飔]

綦 [珠綦 文綦 轻綦 缟綦 素綦 锦綦 承綦 步綦]

漪 [碧漪 绿漪 春漪 风漪 清漪 寒漪 轻漪 涟漪]

绥 [玉绥 执绥 抚绥 安绥 咸绥 授绥]

怡 [目怡 安怡 心怡]　　尼 [摩尼 牟尼 伊尼 潘尼 宣尼]

累 [累累 湘累]　　匜 [凤匜 奉匜 香匜]

牺 [畏牺 陈牺]　　饴 [石饴 含饴 荼饴]

鸱 [枭鸱 寒鸱 怪鸱 伏鸱]　　而 [绥而 殆而 已而 怅而 庶而]

推 [首推 类推 漫推 交推]　　縻 [系縻 羁縻 拘縻]

璃 [玻璃 琉璃]　　祁 [郊祁 伊祁 黎祁]

逵 [九逵 长逵 通逵 兰逵]　　巇 [险巇 岭巇 登巇 嶔巇]

酏 [酿酏 黍酏 粉酏 酒酏]　　絺 [葛絺 紵絺 织絺 绣絺 轻絺]

羲 [虞羲 皇羲 轩羲 朱羲]　　羸 [老羸 疲羸 危羸 饥羸]

肢 [四肢 腰肢 折肢]　　骐 [玉骐 素骐 秀骐 苍骐 珠骐]

訾 [诽訾 讥訾 怨訾]　　狮 [伏狮 金狮]

奇 [数奇 遇奇]　　嗤 [谤嗤 自嗤 见嗤 共嗤]

咨 [怨咨 询咨 嗟咨]　　毗 [倚毗 兼毗 迦毗 永毗 辛毗]

堕 [事堕 颠堕 残堕]　　萁 [豆萁 采萁 燃萁]

其（jī）[祝其 魏其 黎其 佳其 涉其]

其（qí）[谁其 何其]　　　粢 [洁粢 黍粢 醍粢 明粢 糕粢]

睢（xī）[渡睢 游睢]　　　睢（suī）[恣睢]

漓 [淋漓 潦漓]　　　　　蠡 [范蠡 铜蠡 引蠡 倾蠡 测蠡]

噫 [五噫 叹噫 长噫]　　　骓 [骏骓 小骓 班骓 神骓]

馗 [野馗 钟馗]　　　　　菑（zī）[既菑 敷菑 停菑 东菑]

褵 [结褵 凤褵 袿褵]　　　辎 [电辎 列辎 灵辎 雷辎 霞辎]

邳 [下邳 徐邳]　　　　　锜 [兰锜 维锜]

胝 [胼胝 瘢胝]　　　　　緌 [冠緌 索緌 翠緌 短緌]

鳍 [鼓鳍 扬鳍 修鳍 轩鳍]　柨 [绣柨 云柨 芝柨]

迤 [逦迤 逶迤]　　　　　蛇 [委蛇]

陴 [守陴 增陴 登陴]　　　淇 [河淇 清淇]

蜊 [蛤蜊]　　　　　　　嫢 [笑嫢 妍嫢]

淄 [临淄 滍淄]　　　　　丽 [鱼丽 披丽 高丽]

筛 [药筛 红筛 竹筛]　　　厮 [番厮 小厮]

氏 [月氏 阏氏 乌氏]　　　痍 [补痍 疮痍]

壝（wéi）[稷壝 社壝]　　　齍（zī）[玉齍 六齍 明齍]

篱 [楚篱 江篱 芳篱 纤篱]　脽（shuí）[魏脽 汾脽]

貔 [虎貔 如貔]　　　　　傂 [孔傂 鲁傂]

贻（遗也）[见贻 相贻]　　祺 [受祺 兰祺 维祺 春祺]

嘻 [叹嘻 嘻嘻 长嘻]　　　鹂 [黄鹂 春鹂]

铍 [金铍 星铍 操铍 交铍]　瓷 [素瓷 翠瓷 花瓷 钧瓷 冰瓷]

琦 [琅琦 灵琦 韩琦]　　涞 [涕涞]

骙 (kuí) [骙骙]　　嵋 [峨嵋]

忨 [忸忨]　　駓 (pī) [骓駓 黄駓]

熹 [晨熹 微熹]　　孜 [孜孜]

台 [辅台 祇台]　　蚩 [蚩蚩]

瞿 [百瞿 备瞿 重瞿]　　裨 [思裨 无裨]

裨 [偏裨 小裨]　　魑 [御魑 照魑 荒魑 鬼魑]

荽 [蓼荽 香荽 胡荽 荒荽]　　纰 [玉纰 霜纰 缝纰]

椸 (yí) [悬椸 挥椸 竹椸]　　倕 (chuí) [巧倕 工倕]

丕 [显丕 丕丕]　　琪 [绿琪 清琪]

耆 [伊耆 村耆]　　衰 [赵衰]

惟 [永惟 载惟 思惟]　　猗 (yī) [郁猗 猗猗 扬猗 陶猗]

剂 [调剂]　　荠 [采荠 楚荠]

醵 [酕醵]　　坿 [鸡坿 栖坿 于坿]

提 [朱提]　　禧 [集禧 受禧 繁禧 鸿禧]

居 [似居 谁居]　　栀 [清栀]

戏 [娱戏 于戏]　　畸 [残畸]

椅 [云椅 桐椅 高椅 青椅]　　离 [离离 断离]

寅 [建寅 上寅 毓寅 同寅]　　蜞 [马蜞 雷蜞 蝦蜞]

摛 [远摛 锦摛 王摛 徐摛]　　葦 [尺葦 修葦 鞭葦 荷葦 操葦]

崎 [崛崎]　　隋 [秦隋 杨隋]

黎 [生黎]　　犁 [扶犁 春犁]

【上平　五微】

微 [细微 紫微 式微 渊微]

薇 [采薇 紫薇 绿薇]

晖 [落晖 春晖 晴晖 帝晖 晨晖 余晖 宸晖 兰晖 星晖 霜晖 玄晖 凝晖 残晖 争晖]

辉 [素辉 清辉 增辉 流辉 争辉 交辉 涵辉 光辉 山辉]

徽 [玉徽 帝徽 芳徽 金徽 瑶徽 琴徽]

挥 [指挥 戈挥 发挥 手挥]

翚（huī）[画翚 索翚 凤翚 锦翚 飞翚 春翚 云翚 缀翚]

韦 [乘韦 佩韦 布韦 脂韦 陶韦 弦韦]

围 [数围 四围 范围 带围 解围 珠围 合围 腰围 重围]

帏 [锦帏 翠帏 帘帏 卷帏 罗帏 空帏 绣帏 凤帏 春帏 纱帏 秋帏]

闱 [闺闱 宫闱 戟闱 虎闱 庭闱 场闱 慈闱 空闱 兰闱 秋闱 仙闱]

违 [愿违 乖违 多违]　　霏 [晨霏 岚霏 阴霏 香霏 粉霏]

菲 [芳菲 余菲 春菲]　　騑 [四騑 征騑 驰騑 停騑]

绯 [赐绯 锦绯 衣绯 牙绯]　　肥 [身肥 正肥 家肥]

飞 [雪飞 凤飞 独飞 花飞 齐飞 于飞 魂飞 双飞 低飞 倦飞 分飞]

非 [是非 格非 觉非 知非 昨非 饰非]

妃 [后妃 洛妃 宓妃 贵妃 明妃 湘妃 梅妃 潘妃]

扉 [启扉 山扉 禅扉 宸扉 窗扉 荆扉 门扉 柴扉 蓬扉 朱扉 扃扉 林扉 金扉 烟扉]

腓 [鱼腓 脓腓 田腓 轻腓 甜腓 兵腓 草腓]

归 [来归 暂归 忆归 思归 怀归 欲归 暮归 忘归 旋归 言归 燕归]

威 [德威 虎威 立威 神威 恩威 军威 余威 宸威 灵威]

祈 [春祈 虔祈 享祈 情祈]　　旗 [龙旗 虎旗 青旗 旌旗]

衣 [衮衣 垂衣 戎衣 绣衣 缁衣 锦衣 羽衣 拂衣 葛衣 牵衣 舞衣 荷衣 蓑衣]

依 [归依 可依 皈依 何依 偎依 无依]

机 [军机 触机 神机 禅机 心机 投机 危机 兵机 忘机]

讥 [取讥 刺讥 交讥 诟讥 相讥 嘲讥 群讥]

畿 [京畿 郊畿]　　几 [万几 庶几]

鞿 [玉鞿 金鞿 锦鞿 绊鞿]　　矶 [钓矶 石矶 秋矶 苔矶 渔矶]

饥 [岁饥 晋饥]　　玑 [珠玑 明玑 丹玑 瑶玑 天玑]

希 [妄希 几希 交希 声希]　　稀 [渐稀 蝶稀 依稀 人稀 古稀]

沂 [海沂 淮沂 清沂 浴沂]　　巍 [崔巍 峗巍]

淝 [淮淝 合淝]　　诽 [怨诽 毁诽 外诽 腹诽 谤诽]

欷 [涕欷 嗟欷]　　圻 [郊圻 京圻 海圻 九圻]

葳 [葳蕤]　　颀 [美颀 长颀 秀颀]

【上平　六鱼】

鱼 [烹鱼 沉鱼 枯鱼 游鱼 却鱼 梦鱼 佩鱼 绯鱼 锦鱼 青鱼 木鱼]

渔 [夜渔 涸渔 耕渔]

初 [太初 春初 如初 黄初]

书 [草书 洛书 简书 隶书 六书 雁书 篆书 校书 兵书 遗书 军书

鱼书 琴书 残书]

舒 [舒展 望舒 意舒 影舒 和舒 安舒 眉舒 花舒 卷舒 志舒]

居 [隐居 燕居 独居 起居 故居 退居 山居 村居 幽居]

裾 [敛裾 短裾 曳裾 牵裾 翠裾 帝裾 香裾 罗裾]

车 [舟车 副车 稻车 下车 舟车 同车 兵车 鸾车 轻车 蒲车 驱车 香车 停车 羊车]

渠 [御渠 竹渠 荒渠 轩渠 通渠 清渠 沟渠 春渠]

蕖 [晚蕖 露蕖 芙蕖 玉蕖 红蕖]

余 [起余 儆余 忆余 知余 接余 思余 愁余]

予 [喻予 在予]

誉 [自誉 美誉 令誉 过誉 毁誉 延誉 名誉 嘉誉]

舆 [乘舆 接舆 玉舆 权舆 轻舆 肩舆 凤舆 竹舆 停舆 莲舆]

馀 [绪馀 醉馀 香馀 诗馀 残馀]

狙 [猿狙 巧狙 群狙 潜狙]

锄 [荷锄 犁锄 耕锄 把锄 挥锄 携锄]

疏 [情疏 粗疏 萧疏 清疏]

蔬 [涧蔬 百蔬 野蔬 新蔬 摘蔬 畦蔬 菜蔬]

梳 [月梳 牙梳 香梳 晨梳 琼梳]

虚 [太虚 守虚 紫虚 抱虚 步虚 蹑虚 踏虚 静虚 空虚 冲虚 碧虚 盈虚 谦虚 凌虚]

徐 [载徐 风徐 安徐 江徐 清徐 舒徐]

豬 [烧豬 水豬 牧豬 墨豬 山豬 花豬]

闾 [式闾 倚闾 市闾 表闾 里闾 尾闾 林闾 州闾 田闾]
庐 [雪庐 野庐 结庐 草庐 精庐 穹庐]
驴 [蹇驴 黔驴 跨驴 骑驴]
诸 [孟诸 望诸 忽诸 方诸 于诸 梅诸]
除 [岁除 驱除 扫除 剪除 庭除]
储 [王储 国储 仓储 皇储]
如 [凛如 宴如 粲如 婉如 淡如 宛如 九如 真如 自如 纷如]
墟 [归墟 荒墟 星墟 寒墟 村墟 郊墟]
菹 [羊菹 桃菹 蒲菹 瓜菹 梅菹 生菹]
琚 [琼琚 琪琚 华琚 环琚]
畲 [高畲 新畲 春畲 耕畲]　　苴 [补苴 秋苴]
樗 [薪樗 庄樗 寒樗 山樗]　　摅 [绣摅 龙摅 超摅 志摅]
于 [相于 林于 商于]　　茹 [菜茹 藿茹 兰茹]
且 [豫且 只且 狂且]　　沮 [李沮 西沮 长沮]
祛 [祛疾 未祛]　　蜍 [玉蜍 蟾蜍]
榈 [花榈]　　胪 [鸿胪 传胪 唱胪]
妤 [婕妤]　　淤 [塞淤 泥淤 填淤 沙淤 潮淤]
躇 [踌躇 踟躇]　　趄 [趔趄]
滁 [环滁]　　据 [拮据]
衙 [堂衙 官衙]　　涂 [椒涂 泥涂]

【上平　七虞】

虞 [不虞 师虞 愆虞 无虞 山虞 唐虞 歌虞]

愚 [守愚 知愚 砭愚 朴愚 若愚 贤愚]

娱 [自娱 欢娱 游娱 嬉娱]

隅 [海隅 向隅 东隅 庭隅 西隅 四隅 九隅 边隅 山隅 阶隅 墙隅]

芜 [庭芜 繁芜 青芜 芳芜 田芜 蘼芜 碧芜 烟芜 野芜 绿芜 平芜]

巫 [越巫 焚巫 投巫 大巫 神巫 荆巫 雍巫 灵巫]

癯 [清癯 诗癯 儒癯 病癯]

衢 [九衢 紫衢 烟衢 皇衢 春衢 云衢 街衢 通衢]

儒 [宿儒 汉儒 硕儒 竖儒 大儒 侏儒 名儒 群儒]

刍 [牧刍 负刍 束刍 薪刍]　　无 [有无 虚无 一无]

于 [友于 单于 淳于]　　盂 [钵盂 水盂 茗盂 玉盂 银盂]

濡 [洽濡 沾濡 昫濡 涵濡 滋濡 如濡]

襦 [绣襦 解襦 锦襦 绮襦 罗襦 青襦 合欢襦]

须 [所须 斯须 何须 莫须]　　鬚 [捋鬚 拂鬚 虎鬚 短鬚 髭鬚]

株 [守株 鸦株 根株]　　诛 [烂诛 抗诛 征诛]

铢 [锱铢 分铢 五铢]　　蛛 [壁蛛 网蛛 蜘蛛 垂蛛 簷蛛]

殊 [分殊 性殊 曼殊 文殊 悬殊]　谀 [面谀 佞谀 善谀 诣谀]

愉 [婉愉 和愉 欢愉 色愉]　　榆 [碧榆 柳榆 飞榆 青榆 桑榆]

腴 [芳腴 华腴 膏腴 清腴]　　瑜 [瑾瑜 握瑜 瑶瑜 珪瑜 佩瑜]

趋 [步趋 奔趋 竞趋]　　区 [九区 锦区 市区 仙区 岩区]

驱 [并驱 载驱 风驱 先驱 疾驱 驰驱 争驱 前驱 星驱 长驱]

躯 [纵躯 忘躯 轻躯 微躯 捐躯]

朱 [点朱 离朱 陶朱 施朱]

珠 [掌珠 蚌珠 宝珠 露珠 缀珠 隋珠 繁珠 秦珠 瑶珠 荷珠 珍珠 冰珠 智珠 聊珠 跳珠]

扶 [相扶 倾扶 匡扶 谁扶]

符 [剖符 虎符 祥符 汉符 铜符 桃符 灵符 信符 焚符 元符 兵符]

凫 [锦凫 浴凫 弋凫 戏凫 惊凫 春凫 翠凫 沙凫 飞凫]

雏 [乳雏 凤雏 燕雏 哺雏 呼雏 将雏]

敷 [敬敷 播敷 式敷 罗敷 横敷 平敷]

夫 [灌夫 旷夫 武夫 望夫 役夫 狂夫 樵夫 征夫]

肤 [体肤 裂肤 肌肤 凝肤 芳肤 花肤]

输 [流输 转输 灌输 交输 征输]

枢 [紫枢 斗枢 握枢 绳枢 星枢 门枢 万枢]

厨 [庖厨 酒厨 宝厨 香厨 书厨 御厨]

纡 [长纡 盘纡]　　　　驹 [腾驹 隙驹 骊驹 龙驹]

俱 [耦俱 赵俱]　　　　模 [前模 远模 规模 楷模]

谟 [典谟 训谟 嘉谟 文谟 谋谟 良谟 渊谟 宸谟]

蒲 [江蒲 野蒲 香蒲 织蒲 绿蒲 青蒲 紫蒲]

湖 [五湖 明湖 平湖 西湖 镜湖 江湖 鼎湖]

乎 [归乎 庶乎 时乎 芒乎 茫乎 渊乎]

壶 [玉壶 冰壶 悬壶 倾壶 春壶 提壶]

胡 [含胡 雕胡 秋胡 东胡]　　瑚 [珊瑚 玉瑚]

狐 [野狐 赤狐 貂狐 城狐]　　弧 [桑弧 琅弧 设弧]

孤 [恤孤 扶孤 势孤 托孤]　　辜 [伏辜 恤辜 泣辜 何辜]

姑 [小姑 紫姑 麻姑 山姑]　　觚 [执觚 谲觚 操觚 象觚 龙觚]

菰 [竹菰 芳菰 慈菰 秋菰 青菰 浦菰]

徒 [钓徒 酒徒 仙徒 登徒 课徒]

途 [客途 半途 畏途 宦途 坦途 归途 征途 指途 殊途 迷途]

涂 [糊涂 尘涂 椒涂]　　屠 [浮屠 剪屠 市屠]

图 [永图 令图 后图 版图 粉图 霸图 雄图 河图]

奴 [橘奴 木奴 玉奴 翠奴 雁奴 狸奴 青奴 奚奴]

呼 [叫呼 夜呼 疾呼 招呼 山呼 传呼]

吾 [金吾 伊吾 昆吾 肩吾 从吾]

梧 [井梧 庭梧 苍梧 青梧 秋梧 碧梧 修梧 宫梧 珪梧]

吴 [吞吴 三吴 东吴 平吴 孙吴]

租 [蓄租 赋租 减租 索租 催租 免租]

卢 [湛卢 的卢 掷卢 鹿卢 当卢 呼卢]

芦 [结芦 碧芦 秋芦 吹芦 栖芦 青芦]

鲈 [脍鲈 碧鲈 银鲈]　　鑪 [地鑪 洪鑪 篝鑪 药鑪 宝鑪]

苏 [姑苏 扶苏 三苏]　　酥 [酪酥 琼酥 香酥 花酥]

乌 [霜乌 夜乌 栖乌 金乌]　　污 [尘污 泥污 沾污 合污]

枯 [集枯 槁枯 荣枯 摧枯 干枯] 诬 [自诬 诋诬 辩诬 虚诬 欺诬]

都 [宋都 上都 子都 江都 帝都 紫都 郢都 旧都 皇都 中都]

铺 [金铺 门铺 锦铺 霜铺 星铺 霞铺 云铺 茵铺]

禺 [番禺 南禺 封禺 附禺]　　嵎 [海嵎]
竽 [滥竽 调竽 笙竽]　　吁 [叹吁 长吁]
盱 [睢盱 吁盱]　　瞿 [强瞿 商瞿]
劬 [志劬 劝劬 饥劬]　　朐 [左朐 宛朐 马朐 北朐]
絇 [丝絇 湘絇]　　需 [军需 供需 边需 如需 日需]
殳 [执殳 竿殳 桃殳]　　俞 [女俞 允俞 帝俞]
逾 [远逾 窥逾 超逾]　　觎 [觊觎]
揄 [扶揄 挑揄]　　萸 [茱萸 紫萸 丹萸 泛萸]
臾 [须臾 片臾]　　渝 [不渝 无渝]
岖 [崎岖]　　苻 [秦苻 萑苻]
荽 [葰荽 芦荽 柔荽]　　孚 [中孚 交孚 感孚 广孚 惠孚]
桴 [夜桴 乘桴 玉桴 编桴]　　俘 [纵俘 献俘 归俘]
柎 [松柎 天柎 青柎]　　跗 [蕚跗 花跗 跏跗 金跗]
鈇 [玉鈇 刀鈇 金鈇]　　迂 [道迂 院迂 萦迂 辛迂]
蹰 [踟蹰]　　姝 [名姝 丽姝 吴姝 仙姝 玉姝]
拘 [自拘 牵拘]　　毹 (shū) [锦毹 红毹]
挐 [手挐 傅挐 心挐]　　酺 (pú) [赐酺 张酺 颁酺]
醐 [醍醐 清醐]　　糊 [模糊 含糊]
觚 [易觚]　　酤 [市酤 清酤 芳酤 村酤]
鹕 [鹈鹕 啼鹕 鹈鹕]　　沽 [待沽 自沽 劝沽]
呱 [呱呱]　　蛄 [蝼蛄 啼蛄]
弩 [策弩 罢弩 羸弩 愚弩]　　逋 [宿逋 酒逋 诗逋 招逋 林逋]

舻 [舳舻 彩舻 飞舻 钓舻]　　垆 [黄垆 村垆 当垆]

笯 [寄笯 妻笯]　　徂 [岁徂 攸徂 风徂 奔徂 日徂]

泸 [渡泸 西泸]　　栌 [绣栌 层栌 梁栌]

舖 [玉舖 朝舖 三舖 画舖]　　晡 [日晡 欲晡 西晡]

嚅 [嗫嚅 喔嚅]　　蚨 [青蚨 飞蚨]

诹 [咨诹]　　扶 [帮扶 倩人扶]

母 [嫫母]　　毋 [宁毋 兹毋]

杇 [瓦杇 盘杇]　　芙 [晚芙 红芙]

喁 [喁喁]　　颅 [头颅 垂颅 盈颅]

轳 [辘轳 轴轳]　　洙 [洛洙 尹洙 泗洙 孙洙]

罦 [决罦 置罦 兔罦]　　麸 [甘麸 金麸]

枹 [秉枹]　　膜 [南膜 云膜]

瓠 [苦瓠 破瓠 瓜瓠 坚瓠]　　恶 [厌恶]

芋 [煮芋 紫芋]　　媭（xū）[吕媭 女媭]

帑 [内帑 岁帑 贡帑 纳帑]　　荂 [实荂 翠荂 琼荂 华荂 桐荂]

喻 [呕喻]　　纑 [缉纑 纺纑 辟纑]

鸲 [鸜鸲 青鸲]　　侏 [伛侏]

龉 [龃龉]　　葫 [土葫 风葫]

【上平　八齐】

齐 [思齐 绿齐 三齐 青齐]　　蛴 [螬蛴 乳蛴]

脐 [噬脐 霜脐 凝脐 麝脐]　　黎 [昌黎 黔黎 生黎 九黎]

犁 [扶犁 锄犁 春犁 耕犁 庭犁]　黎 [篷黎 扶黎 青黎 杖黎]

璃 [玻璃 琉璃]　　　　　　　　鑗 [形鑗 缁鑗]

梨 [芳梨 山梨 交梨 玉梨 棠梨 种梨]

妻 [山妻 贤妻 艳妻 梅妻 荆妻 娇妻]

萋 [萋萋 暄萋]　　　　　　　　凄 [露凄 霜凄]

羝 (dī) [牧羝 缟羝]　　　　　　氐 [九氐 白氐 巴氐 青氐]

诋 [诃诋 相诋]

鞮 [狄鞮 西鞮 若鞮 哥鞮 英鞮 东鞮]

低 [天低 墙低 花低 枝低 云低 月低 山低 眉低]

堤 [金堤 长堤 隋堤 碧堤 横堤 沙堤 柳堤]

题 [留题 品题 无题]　　　　　提 [菩提 孩提 耳提 手提 左提]

荑 [柔荑 瑶荑 碧荑 含荑 兰荑 春荑 绿荑 柳荑]

绨 [锦绨 青绨 绿绨 皂绨 紫绨 绀绨]

蹄 [轻蹄 笁蹄 香蹄 金蹄]　　　啼 [莺啼 猿啼 乌啼 夜啼 鸟啼]

缔 [白缔 深缔]　　　　　　　　鹈 [鹏鹈 维鹈 饥鹈]

缇 [赤缇 青缇 遗缇]　　　　　篦 [竹篦 金篦 鸾篦 眉篦]

鸡 [锦鸡 寒鸡 宝鸡 莎鸡 碧鸡 天鸡 邻鸡 瓮鸡 竹鸡 茭鸡]

稽 [考稽 无稽 会稽 滑稽]　　兮 [凤兮 伯兮 简兮 粲兮]

奚 [菟奚 酒奚 羊奚 小奚 祁奚]　嵇 [寻嵇 阮嵇]

蹊 [山蹊 幽蹊 野蹊 僧蹊 霜蹊 鹿蹊 菊蹊]

傒 [凫傒 苏傒]　　　　　　　　徯 [高徯 彪徯]

猊 [狻猊 青猊]　　　　　　　　鲵 [海鲵 修鲵 守鲵 钓鲵]

倪 [天倪 无倪 王倪 端倪 耄倪 坤倪 迁倪]

霓 [云霓 长霓 晚霓 青霓 白霓 素霓 川霓 涧霓 红霓]

西 [河西 陇西 淮西 城西 关西 竹西 辽西]

栖 [鸡栖 山栖 梧栖 幽栖 鸦栖 独栖]

犀 [灵犀 水犀 文犀 木犀 珠犀 寒犀 伏犀]

嘶 [长嘶 频嘶 悲嘶 寒嘶]　　撕 [手撕 提撕]

梯 [登梯 丹梯 石梯 云梯 山梯 阶梯]

鼙 [秋鼙 征鼙 霜鼙]　　批 [御批 竹批]

跻 [朝跻 日跻]　　齑 [金齑 冷齑 霜齑 吹齑 寒齑]

挤 [排挤 倾挤 推挤 撞挤]

迷 [沉迷 离迷 执迷 痴迷 岚迷 萋迷 低迷]

泥 [紫泥 粉泥 青泥 锦泥 淤泥 椒泥 涂泥 香泥 金泥 雪泥 红泥 黄泥 春泥 衔泥 尘泥 燕泥]

溪 [兰溪 小溪 竹溪 碧溪 剡溪 翠溪 云溪 莲溪 烟溪 箬溪 青溪 涧溪 虎溪 清溪 寒溪 玉溪 花溪 桃溪]

麑 [纵麑 禁麑 惊麑 射麑 裘麑]

圭 [大圭 锡圭 碧圭 组圭 白圭 苍圭 镇圭 折圭 介圭 刀圭 剪圭]

闺 [香闺 金闺 深闺 秋闺 春闺 玉闺 红闺 兰闺 翠闺]

袿 [罗袿 轻袿 文袿 羽袿 芳袿 绣袿 华袿 云袿 修袿 锦袿]

睽 [分睽 久睽 孤睽 相睽 阻睽]

奎 [聚奎 映奎 焕奎 明奎 光奎 壁奎]

携 [提携 招携 予携 扶携 分携 心携]

畦 [野畦 春畦 稻畦 旧畦 雪畦 烟畦 药畦 菜畦 夏畦 绿畦 兰畦]

鹂 [黄鹂] 凄 [秋凄 凄凄 风凄]

【上平　九佳】

佳 [减佳 倍佳 绝佳 转佳 味佳]

街 [禁街 御街 天街 霜街 香街 斜街 长街 荒街 星街 兰街]

鞋 [铁鞋 凤鞋 绣鞋 僧鞋 弓鞋 麻鞋 芒鞋]

牌 [水牌 时牌 金牌 牙牌 玉牌]

柴 [拾柴 松柴 烧柴 积柴 枯柴 山柴 春柴]

钗 [玉钗 鸾钗 坠钗 翠钗 凤钗 宝钗 荆钗 金钗 裙钗 瑶钗]

差 [官差 选差 添差]

崖 [雪崖 紫崖 峻崖 断崖 石崖 高崖 翠崖 悬崖 珠崖 云崖 丹崖 松崖 危崖]

涯 [水涯 际涯 生涯 天涯]　　偕 [相偕 与偕 计偕]

阶 [玉阶 及阶 绕阶 兰阶 香阶 瑶阶 仙阶 苔阶 天阶 荒阶 宸阶]

谐 [克谐 和谐 婉谐 允谐 难谐 诙谐]

骸 [忘骸 归骸 枯骸 百骸 形骸 筋骸]

排 [力排 安排 珠排 花排]　　乖 [命乖 时乖 运乖]

怀 [壮怀 遣怀 扪怀 骋怀 放怀 寄怀 满怀 挂怀 雅怀 忘怀 散怀 畅怀 感怀 襟怀 伤怀 愁怀 幽怀 开怀 虚怀 舒怀]

斋 [村斋 萧斋 茅斋 琴斋 书斋 竹斋]

淮 [两淮 江淮 秦淮 清淮 西淮] 豺 [祭豺 投豺 野豺]

侪 [吾侪 同侪 朋侪]
霾 [阴霾 云霾 烟霾]
蜗 [栖蜗 晴蜗 壁蜗 盘蜗]
哇 [淫哇 咿哇]
喈 [陆喈 喈喈 鸣喈]
蛙 [井蛙 春蛙 鸣蛙]
鲑 [有鲑 异鲑 珍鲑]
荄 [草荄 豆荄 菟荄 根荄 陈荄 春荄]
槐 [三槐 宫槐 绿槐 高槐 古槐 省槐]

埋 [尘埋 香埋 沉埋 深埋 云埋]
娲 [女娲 神娲 灵娲]
娃 [馆娃 吴娃 宫娃 莲娃]
皆 [孔皆 难皆 信皆]
揩 [净揩 摩揩]
楷 [蜀楷 强楷]
俳 [进俳 秦俳 优俳 文俳]

【上平 十灰】

灰 [劫灰 心灰 炉灰 飞灰 残灰 寒灰 秦灰 成灰]
恢 [恢恢 雄恢 武恢 纲恢 外恢]
魁 [酒魁 春魁 元魁 争魁 花魁 诗魁 占魁]
隈 [曲隈 水隈 岸隈 林隈 江隈 墙隈]
回 [燕回 天回 纡回 星回 云回 凤回 春回 舟回 初回 月回 低回 车回 梦回]
徊 [徘徊 低徊 迟徊 迂徊 徐徊]
槐 [大槐 庭槐 植槐 老槐 宫槐 梦槐 疏槐 青槐 龙槐 三槐]
枚 [新枚 双枚 衔枚]
梅 [苑梅 绿梅 墨梅 折梅 早梅 雪梅 绮梅 摽梅 新梅 调梅 疏梅 江梅 残梅 观梅]

媒 [自媒 凤媒 良媒 龙媒]　　煤 [麝煤 松煤 青煤]

瑰 [碧瑰 奇瑰 怀瑰]　　　　罍 [玉罍 尊罍 酌罍]

颓 [振颓 风颓 倾颓 玉山颓]　雷 [轻雷 春雷 闻雷 惊雷 风雷]

催 [漫催 频催 漏催 暗催]　　摧 [风摧 玉摧 花摧 心摧 兰摧]

嵬 [马嵬 崔嵬 曾嵬]　　　　推 [挽推 易推 解推]

堆 [翠堆 千堆 霞堆 书堆 锦堆 香堆 红堆]

陪 [暂陪 屡陪 失陪 叨陪]

杯 [羽杯 琼杯 浮杯 御杯 螺杯 荷杯 传杯 流杯 停杯 玉杯 衔杯]

醅 [覆醅 玉醅 香醅 绿醅 春醅 新醅]

开 [半开 帘开 洞开 初开 将开 花开 争开 筵开 云开]

哀 [可哀 余哀 含哀 悲哀 衔哀 七哀]

埃 [点埃 薄埃 尘埃 浮埃 轻埃 芳埃 红埃 染埃 生埃]

台 [镜台 月台 花台 兰台 亭台 玉台 瑶台 阳台 钓台 池台 鹿台 凤台 紫台 平台 乌台 银台 歌台 登台 琴台 乡台 妆台 天台 登台]

苔 [紫苔 砌苔 翠苔 点苔 印苔 染苔 碧苔 莓苔 新苔 苍苔] 该 [偏该 备该 兼该 双该]

才 [英才 雅才 辨才 异才 不才 楚才 逸才 俊才 雄才 奇才 怀才 捷才 全才 庸才 无才 怜才]

材 [育材 楚材 散材 取材 美材 抡材]

财 [理财 散财 生财 临财 积财 让财 贪财 轻财 徇财]

裁 [别裁 妙裁 主裁 新裁 剪裁]

来 [夜来 肯来 归来 神来 从来 燕来 远来]

哉 [至哉 美哉 怪哉 壮哉 快哉 哀哉]

灾 [救灾 避灾 遇灾 恤灾 降灾 除灾]

猜 [忌猜 见猜 嫌猜 惊猜 疑猜 花猜]

胎 [鹤胎 玉胎 胚胎 蚌胎 鹿胎 珠胎]

咍 [咍咍 可咍 目咍 欢咍 嘲咍 訾咍]

莱 [老莱 蒿莱 吴莱 荒莱 田莱]　　栽 [乞栽 新栽]

孩 [婴孩 携孩 童孩]　　洄 [溯洄 湾洄 云洄 澶洄 濚洄]

莓 [木莓 山莓]　　禖 [郊禖 燕禖 祈禖]

縗 [墨縗 单縗 著縗]　　崔 [三崔]

裵 [八裵 玉裵]　　培 [栽培 滋培 耘培]

坏 [陶坏 瓮坏 砖坏]　　骀 [狐骀 驾骀 王骀 荡骀 嬴骀]

垓 [九垓 累垓 崇垓 城垓]　　陔 [九陔 循陔 南陔 田陔]

捼 [若捼 手捼]　　诙 [善诙 嘲诙 俳诙 谈诙]

煨 [炎煨 燔煨 深煨]　　鎚 [金鎚 钳鎚 千鎚]

桅 [高桅 眠桅 风桅]　　荄 [根荄 枯荄 野荄 春荄]

佁 [舆佁 陪佁 田佁 革佁]　　能 [黄能 壤能 化能 三能]

苢 [绿苢 香苢]　　偎 [不偎 免偎 相偎]

【上平　十一真】

真 [情真 归真 天真 太真 全真 抱真]

因 [前因 何因 迷因 无因 外因]

茵 [拂茵 铺茵 锦茵 重茵 绣茵]

辛 [细辛 艰辛 桂辛 苦辛]

新 [维新 更新 履新 鼎新 尝新 一新 抽新 赏新]

薪 [采薪 析薪 伐薪 卧薪 负薪 斫薪 稻薪 霜薪]

晨 [芳晨 霜晨 司晨 花晨]

辰 [北辰 良辰 嘉辰 清辰 霜辰 参辰 芳辰 拱辰]

臣 [贤臣 王臣 良臣 近臣 弄臣 孤臣 虎臣 信臣 老臣 谄臣 奸臣 谏臣 侍臣 群臣 诤臣 外臣 武臣 微臣]

人 [幽人 信人 怀人 今人 伊人 文人 要人 宫人 丽人 骄人 异人 野人 可人 玉人 上人 雅人]

仁 [体仁 守仁 杏仁 至仁 怀仁 近仁 存仁]

神 [搜神 百神 凝神 金神 花神 怡神 洛神]

亲 [显亲 事亲 省亲 君亲 慈亲 和亲 娱亲]

申 [春申 重申]

伸 [引伸 欠伸 志伸]

绅 [书绅 荐绅 舒绅 儒绅]

身 [存身 脱身 抽身 洁身 修身 藏身 轻身 忘身 倾身 立身 侧身]

宾 [延宾 礼宾 大宾 四宾 嘉宾 留宾 九宾]

滨 [泗滨 海滨 洛滨 河滨 江滨 渭滨]

邻 [东邻 择邻 芳邻 结邻 比邻]

鳞 [逆鳞 朱鳞 介鳞 溪鳞 锦鳞 素鳞 霜鳞 游鳞 金鳞 龙鳞 泳鳞]

麟 [嘉麟 玉麟 苍麟 赤麟 白麟]

珍 [怀珍 席珍 紫珍 异珍 自珍]

嗔 [怨嗔 佯嗔 怒嗔 贪嗔 忘嗔 微嗔]

尘 [风尘 音尘 凝尘 红尘 秋尘 边尘 车尘 芳尘 征尘 扬尘 出尘 扫尘 洗尘 飞尘]

陈 [钩陈 直陈 星陈 铺陈 面陈]

春 [怀春 报春 熙春 阳春 芳春 饯春 青春 晚春 残春 弄春 三春 初春 司春]

津 [问津 天津 芳津 兰津 云津 要津 玉津 知津 孟津]

秦 [三秦 西秦 避秦 过秦 帝秦]　频 [大频 李频 频频 三频]

苹 [采苹 秋苹 绿苹 青苹 渚苹]　颦 [效颦 笑颦 舒颦 长颦 轻颦]

银 [水银 佩银 封银 如银]　垠 [边垠 九垠 四垠 无垠 山垠]

筠 [松筠 雪筠 绿筠 野筠 吴筠 风筠 霜筠 灵筠 碧筠 湘筠]

巾 [牵巾 红巾 拂巾 香巾 纨巾 葛巾 纶巾]

囷 [轮囷 石囷 盘囷 廪囷 指囷]　珉 [刻珉 贞珉 翠珉 白珉]

民 [舜民 子民 黎民 流民 山民 遗民 平民]

缗 [丝缗 重缗 钓缗 俸缗 万缗 酒缗]

贫 [赤贫 厌贫 恤贫 清贫 甘贫 安贫 乐贫]

纯 [香纯 嫩纯 思纯 秋纯 细纯 忆纯 紫纯]

淳 [朴淳 真淳 忠淳 归淳]　醇 [甘醇 贞醇 饮醇 芳醇 清醇]

纯 [温纯 忠纯 贞纯 清纯 性纯]　唇 [朱唇 点唇 沾唇 绛唇 香唇]

伦 [天伦 无伦]　纶 [垂纶 投纶 钓纶 泾纶]

轮 [金轮 征轮 扶轮 转轮 埋轮 香轮 桂轮 雕轮]

沦 [清沦 沉沦 委沦 隐沦]　匀 [轻匀 香匀 停匀 泽匀 均匀]

旬 [波旬 经旬 盈旬 寸旬 逾旬 三旬]

巡 [微巡 夜巡 远巡 南巡]　　驯 [稚驯 柔驯 调驯 凤驯]

钧 [大钧 万钧 天钧 秉钧 帝钧 鸿钧 枢钧 垂钧]

均 [平均 化均 灵均 遐均 调均]

臻 [德臻 屡臻 休臻 荐臻 福臻 并臻]

榛 [荆榛 披榛 秋榛 荒榛 蓬榛 绿榛 紫榛]

姻 [婚姻 联姻 缔姻 旧姻 良姻 外姻]

宸 [紫宸 枫宸 侍宸 帝宸 玉宸 槐宸]

寅 [同寅 毓寅 建寅 上寅 庚寅]

嫔 [九嫔 妃嫔 翠嫔 玉嫔 三嫔]

彬 [玉彬 曹彬 璘彬]　　鹑 [鸣鹑 象鹑 悬鹑 化鹑 鹘鹑]

皴 [风皴 鳞皴 冻皴 面皴]　　遵 [奉遵 咸遵 永遵 祭遵]

循 [拊循 休循 推循 因循]　　振 [凤振 麟振 玉振]

甄 [雨甄 考甄 阿甄 左甄]　　禋 [明禋 精禋 升禋 肇禋 崇禋]

岷 [梁岷 西岷 蜀岷 昆岷]　　谆 [千谆 谆谆 周谆]

椿 [灵椿 松椿 庄椿 仙椿 老椿]　　询 [咨询 博询 致询 细询]

恂 [恂恂 忱恂]　　峋 [嶙峋]

莘 [莘莘 耕莘]　　堙 [长堙 井堙 乘堙]

屯 [时屯 艰屯 命屯 居屯]　　駪 [载駪 崔駪 有駪 花駪 裵駪]

呻 [吟呻 哀呻]　　磷 [砰磷]

辚 [辚辚 轩辚 殷辚 车辚]　　璘 [璘璘 石璘 结璘]

濒 [河濒 海濒 湘濒 江濒]　　闽 [七闽 东闽 南闽]

幽 [吹幽 歌幽 嶙幽]　　　逡 [逡逡 纪逡]

泯 [夷泯 风泯 不泯]　　　溱 [西溱]

湮 [沃湮 郁湮 埋湮 迹湮]　　傧 [三傧 佐傧]

畛 [接畛 畦畛 郊畛 遥畛 连畛]　骕 [骐骕 白骕]

燐 [转燐 野燐 青燐 碧燐 烟燐 寒燐 鬼燐 宿燐]

蓁 [葳蓁 蓁蓁 深蓁]　　　纫 [补纫 缝纫 蒲纫]

【上平　十二文】

文 [绮文 异文 古文 人文 星文 梵文 温文]

闻 [侧闻 异闻 多闻 传闻 风闻 惊闻]

纹 [锦纹 绮纹 簟纹 波纹 苔纹 龙纹 冰纹]

蚊 [聚蚊 避蚊 饥蚊 鷃蚊]

云 [薄云 片云 积云 青云 扫云 浮云 微云 停云 孤云 流云 轻云 浓云 风云 层云 纤云 烟云]

氛 [香氛 俗氛 江氛 望氛 夜氛 凉氛 竹氛]

分 [夜分 鼎分 春分 瓜分 星分 斜分 惜分 中分 宵分]

纷 [解纷 碧纷 俗纷 缤纷]

芬 [含芬 遐芬 清芬 芳芬 左芬 澄芬 流芬]

焚 [蕙焚 香焚 巢焚]　　　坟 [荒坟 孤坟]

群 [失群 逸群 出群 冠群 无群]

裙 [翠裙 虎裙 拖裙 湘裙 钗裙 罗裙]

君 [报君 湘君 封君 仁君 桐君 郎君 山君]

军 [三军 禁军 治军 抚军 六军 孤军 从军 劳军 还军]
筋 [胶筋 露筋 兰筋 易筋 劳筋]
薰 [德薰 草薰 兰薰 香薰 余薰 南薰 浓薰]
曛 [薄曛 朝曛 斜曛 残曛 凉曛 余曛 林曛 夕曛]
勋 [策勋 建勋 元勋 功勋 铭勋 垂勋]
勤 [辛勤 殷勤 倦勤 恪勤]　　斤 [郫斤 黄斤 霜斤 樵斤 挥斤]
熏 [晴熏 爱熏 来熏 香熏]　　醺 [宿醺 微醺 余醺 半醺]
荤 [肥荤 五荤 茹荤]　　云 [亭云 师云 孔云 何云]
耘 [火耘 耕耘]　　芸 [石芸 冰芸 秋芸 芳芸]
汾 [河汾 潞汾]　　濆 [淮濆 水濆 幽濆 溪濆]
雰 [清雰 浓雰 碧雰 霜雰 暮雰]　　员 [景员 乌员 伍员]
欣 [交欣 欢欣 含欣 欣欣]　　芹 [水芹 采芹]
殷 [殷殷 情殷]　　沄 [泫沄 汾沄 潒沄]
昕 [大昕 霞昕 初昕]　　煴 [棼煴 煴煴 烟煴 蒸煴]
纭 [纷纭 纭纭]　　贲 [虎贲]
賁 [紫賁]　　蕲 [马蕲 山蕲 牛蕲]

【上平　十三元】

元 [改元 司元 乾元 还元 浑元 黎元 开元 中元 魁元 调元 状元]
原 [九原 旷原 北原 辽原 平原 郊原 野原 荒原 田原]
源 [沂源 水源 渊源 求源 开源 探源 河源 桃源]
鼋 [伏鼋 浮鼋 江鼋 潜鼋 乘鼋]

园 [故园 灌园 漆园 淇园 郊园 名园 西园 梨园 桃园 梁园 家园]

猿 [愁猿 峡猿 暮猿 白猿 青猿 心猿 江猿 哀猿]

辕 [改辕 轩辕 南辕 攀辕 归辕]

垣 [粉垣 古垣 市垣 崇垣 庭垣 禁垣 短垣 残垣]

烦 [纷烦 劳烦 忧烦 频烦 颓烦 心烦]

繁 [星繁 花繁 事繁 翠繁 影繁 枝繁 霜繁]

蕃 [硕蕃 实蕃 枝蕃 青蕃 花蕃 何蕃]

樊 [笼樊 荒樊]

翻 [浪翻 花翻 燕翻 翩翻 缤翻 星翻]

旛 [锦旛 春旛 花旛 经旛 珠旛 云旛 舒旛 红旛 扬旛]

暄 [负暄 花暄 晴暄 微暄 春暄 凝暄]

萱 [紫萱 佩萱 植萱 庭萱 椿萱]

言 [法言 立言 寓言 妄言 雅言 纳言 危言 流言 箴言 微言 忘言]

轩 [紫轩 鹤轩 龙轩 鱼轩 乘轩 星轩]

喧 [鸟喧 俗喧 尘喧]　　　　冤 [讼冤 雪冤 衔冤 烦冤 理冤]

藩 [屏藩 守藩 竹藩 东藩]　　浑 [许浑 陆浑 波浑 潮浑]

魂 [断魂 梦魂 花魂 香魂 芳魂 惊魂 招魂 诗魂 冰魂 销魂]

裈 [脱裈 曝裈 著裈]

温 [晏温 香温 凉温 色温 玉温 春温]

孙 [天孙 桐孙 鸦孙 云孙 兰孙 王孙 天孙 公孙]

门 [东门 扫门 侯门 柴门 长门 剑门 虎门 雁门 蓬门 朱门 吴门]

尊 [师尊 至尊 乘尊 北斗尊]

樽 [金樽 开樽 携樽 倾樽 山樽 满樽 绿樽 侑樽]

存 [道存 温存 兼存 犹存 思存 身存 长存]

村 [鸦村 远村 江村 鸟村 荒村 孤村]

蹲 [凤蹲 猿蹲 熊蹲]　　敦 [道敦 夙敦 情敦]

墩 [玉墩 锦墩 青墩 平墩]　　暾 [朝暾 清暾 温暾]

屯 [边屯 四屯]　　豚 [珠豚 鸡豚 河豚 羔豚 烝豚]

盆 [覆盆 鼓盆 倾盆 金盆]　　奔 [星奔 云奔 狂奔 浪奔 飞奔]

婚 [结婚 世婚 新婚 约婚]　　坤 [履坤 法坤 流坤 乾坤]

论 [评论 讨论 细论 考论 齐论 于论 重论 休论]

昏 [晓昏 月昏 尘昏 烟昏 朝昏 晨昏 镜昏 黄昏 合昏]

阍 [帝阍 紫阍 九阍 天阍 重阍 司阍]

痕 [藓痕 爪痕 墨痕 泪痕 血痕 雨痕 月痕 苔痕 啼痕 波痕]

根 [六根 病根 耳根 篱根 灵根 盘根 天根 树根]

恩 [圣恩 渥恩 殊恩 天恩 市恩 酬恩 怀恩 承恩 推恩]

吞 [暗吞 鲸吞 狼吞 兼吞 悲吞]　　沅 [湘沅 上沅 澧沅 江沅]

媛 [淑媛 英媛 婵媛]　　援 [钩援 外援 推援 相援]

膰 [受膰 致膰 羊膰]　　蹯 [柔蹯 熊蹯 绝蹯 禽蹯 食蹯]

燔 [燧燔 火燔 炮燔 秦燔]　　爰 [徐爰 周爰 兔爰]

蘩 [蘋蘩 洁蘩 采蘩 绿蘩]　　礬 [白礬 五礬 铅礬 青礬]

幡 [白幡 锦幡 灵幡]　　番 [数番 长番 前番]

埙 [箎埙 吹埙 雅埙 颂埙]　　鸳 [彩鸳 孤鸳 睡鸳 沙鸳 双鸳]

宛 [大宛 守宛]　　骞 [凤骞 飞骞 孤骞 凌骞 鸿骞]

鞭 [垂鞭 锦鞭 马鞭 佩鞭 九鞭]　　掀 [风掀 力掀]

昆 [玉昆 诸昆 金昆 弟昆 木昆]　　琨 [玉琨]

鹍 [翔鹍 只鹍 金鹍 鹏鹍]　　　　鲲 [鹏鲲 罗鲲]

缊 [纷缊 緼缊]　　　　　　　　　扪 [手扪 莫扪 可扪]

荪 [芳荪 荃荪 溪荪 蕙荪 春荪 芷荪 兰荪]

喷 [水喷 俯喷 香喷 鲸喷 气喷 瀑喷 激喷 薄喷 沫喷 荡喷]

飧 [索飧 鱼飧 受飧 盘飧]

惇 [五惇 江惇 弥惇 风惇 张惇]　　芚（tún）[浑芚 愚芚]

贲 [旅贲 虎贲 孟贲 飞贲]　　　　仑 [昆仑 孟仑 阿仑 元仑]

髡 [岁髡 熊髡 钳髡]　　　　　　跟 [足跟 排跟]

垠 [汉垠 四垠 无垠 九垠]　　　　蕴 [玉蕴]

鹓 [乘鹓 集鹓 翔鹓 栖鹓 紫鹓]　　袁 [曹袁 祖袁 依袁]

怨 [愁怨]　　　　　　　　　　　蜿 [龙蜿 蟠蜿]

昆 [云昆 西昆]　　　　　　　　　炖 [清炖 温炖]

饨 [馄饨]　　　　　　　　　　　纯 [精纯 静纯]

【上平　十四寒】

寒 [胆寒 晓寒 岁寒 广寒 冒寒 衾寒 春寒 微寒 凝寒 消寒]

韩 [慕韩 萧韩 瞻韩 三韩]

翰 [雁翰 羽翰 翠翰 霜翰 秋翰]

丹 [渥丹 染丹 燕丹 烧丹 流丹 唇丹]

殚 [力殚 智殚 疲殚 心殚]

单 [衣单 葛单 形单 孤单]

安 [问安 计安 偷安 临安 偏安 谢安 长安 吟安 袁安]

鞍 [绣鞍 玉鞍 解鞍 雕鞍 锦鞍 金鞍]

难 [急难 色难 责难 二难 说难 疑难 畏难 何难]

餐 [素餐 菊餐 松餐 盘餐 风餐 加餐 减餐 朝餐 忘餐 同餐]

滩 [楚滩 蓼滩 钓滩 碧滩]

坛 [杏坛 筑坛 紫坛 诗坛 天坛 戒坛 登坛 桑坛 诗坛]

檀 [紫檀 伐檀 灵檀 香檀]

弹 [哀弹 轻弹 一弹 不弹 鸣弹]

残 [漏残 夜残 摧残 香残 衰残 宵残 花残 更残 灯残 春残 凋残]

干 [若干 阑干 斯干 江干 总干 野干 河干 池干]

肝 [洗肝 忠肝 披肝]

竿 [钓竿 竹竿 投竿 轻竿 绿竿 掷竿 持竿]

乾（干，"干湿"）[痕乾 雨乾 砚乾 露乾 杯乾]

阑 [春阑 玉阑 月阑 井阑 夜阑 酒阑 重阑 药阑]

栏 [画栏 井栏 石栏 倚栏 曲栏 碧栏 回栏 雕栏 倚栏]

澜 [倒澜 扬澜 清澜 翠澜 余澜 波澜 翻澜 泛澜 狂澜 情澜]

兰 [砌兰 石兰 浴兰 蕙兰 盂兰 衡兰 猗兰 椒兰]

看 [静看 懒看 羞看 愁看 频看 贪看 回看 斜看]

刊 [自刊 雕刊 随刊]

丸 [药丸 转丸 金丸 弹丸 凤丸 探丸]

桓 [相桓 朱桓 三桓]

纨 [素纨 绮纨 罗纨 齐纨 轻纨 冰纨 霜纨 湘纨]

端 [异端 两端 万端 发端 多端 开端 眉端 争端 云端 舌端 林端]

湍 [洪湍 风湍 龙湍 惊湍 小湍 素湍 雪湍 浅湍 崩湍 廻湍 飞湍 松湍 流湍 江湍 鸣湍]

酸 [悲酸 辛酸 心酸 寒酸 甘酸 梅酸 含酸]

团 [露团 锦团 玉团 粉团 珠团 疑团 月团]

抟 [鹏抟 陈抟 风抟 扶抟 直抟]

攒 [玉攒 星攒 花攒 翠攒 眉攒 云攒]

官 [授官 世官 择官 罢官 拜官 居官 史官 天官]

观 [大观 细观 同观 静观 远观 坐观 旁观 临观 仰观]

冠 [挂冠 濯冠 振冠 免冠 凤冠 朝冠 南冠 弹冠 素冠 儒冠 衣冠 貂冠 整冠 黄冠]

鸾 [九鸾 彩鸾 素鸾 鸣鸾 集鸾 红鸾 跨鸾 孤鸾 飞鸾 青鸾]

銮 [御銮 鸣銮 玉銮 驻銮 金銮]

栾 [团栾 重栾 檀栾 香栾 未栾]

峦 [远峦 玉峦 青峦 翠峦 林峦 重峦 晴峦 雪峦 山峦 烟峦]

欢 [合欢 承欢 尽欢 余欢 言欢 悲欢]

宽 [政宽 少宽 桓宽 从宽 衣宽]

盘 [捧盘 素盘 考盘 冰盘 龙盘 金盘]

蟠 [萦蟠 飞蟠 仙蟠]

漫 [森漫 汗漫 云漫 弥漫 渺漫] 汗 [霑汗 漫汗 可汗 番汗]

郸 [邯郸 崔郸] 叹 [慨叹 仰叹 忧叹 悲叹 长叹]

摊 [花摊 分摊]

姗 [讥姗 便姗]

珊 [阑珊 佩珊 嫩珊]

玕 [琅玕 珠玕 明玕]

奸 [权奸 伪奸 大奸]

棺 [玉棺 金棺 抚棺]

钻 [剖钻 雕钻 窥钻 弥钻]

瘢 [索瘢 补瘢 求瘢 创瘢]

谩 [欺谩 誃谩]

瞒 [欺瞒 难瞒 隐瞒]

潘 [阿潘 左潘 吴潘]

蹒 [蹒跚]

胖（pán）[体胖 外胖]

弁 [马弁 小弁]

箪 [空箪 珠箪 瓦箪]

拦 [遮拦 拘拦 手拦]

完 [苟完 城完 神完]

莞 [青莞 蒲莞 东莞]

貛 [牡貛 荐貛 穴貛 寝貛]

拌 [久拌 光拌 难拌 谁拌]

倌 [清倌 玉倌]

繁 [花繁 锦繁 云繁]

【上平 十五删】

删 [草删 尽删 字删 讨删 手删]

潸 [涕潸 余潸]

关 [汉关 海关 叩关 故关 闭关 玉关 掩关 三关 潼关 蓝关 昭关 乡关 阳关 榆关]

弯 [月弯 弓弯 萦弯]

湾 [碧湾 汀湾 绿湾 溪湾 清湾 花湾]

还 [好还 珠还 月还 往还 星还 鸟还]

环 [指环 瑶环 循环 金环 星环 连环 玉环]

镮 [垂镮 剑镮 探镮 金镮]

鬟 [蛾鬟 云鬟 鸦鬟 两鬟 螺鬟 烟鬟]

寰 [九寰 仙寰 枢寰 通寰]　　圜 [司圜 句圜]

班 [列班 朝班 旧班 末班 随班 荣班]

斑 [竹斑 豹斑 云斑 锦斑 衣斑]

颁 [匪颁 酒颁 春颁 荣颁 恩颁]

般 [哪般 一般 多般 千般]

蛮 [百蛮 小蛮 荆蛮 南蛮 平蛮 诸蛮]

颜 [犯颜 解颜 汗颜 素颜 朱颜 厚颜 圣颜 苍颜 玉颜 天颜 红颜 笑颜 芳颜 开颜 花颜 韶颜 慈颜]

奸 [绳奸 洞奸 照奸 除奸 大奸]

菅 [黄菅 野菅 草菅 榛菅]

攀 [登攀 孤攀 高攀 追攀 仰攀 难攀 共攀]

顽 [庶顽 冥顽 疏顽 凶顽 童顽 痴顽]

山 [他山 连山 螺山 巫山 春山 商山 玉山 关山 东山 溪山 南山]

鳏 [早鳏 贫鳏]　　　　艰 [多艰 时艰]

间 [竹间 花间 云间 世间 松间 田间 桑间]

闲 [安闲 暇闲 宽闲 清闲 幽闲 等闲 偷闲]

娴 [雅娴 妖娴 丽娴 心娴 静娴]

悭 [囊悭 天悭 雪悭 寒悭]　潺 [淙潺 幽潺 弄潺]

殷 [朱殷 花殷 红殷]　　　　斓 [斑斓]

讪 [谤讪 相讪 嘲讪 轻讪]　患 [无患 同患]

【下平　一先】

先 [奉先 张先 占先 身先 笔先 开先]

前 [腊前 来前 窗前 眼前 马前 无前 生前 阶前]

千 [秋千 百千 万千 大千 三千]

阡 [九阡 连阡 横阡 陌阡 北阡 泷阡]

笺 [蜀笺 花笺 锦笺 红笺 裁笺]

鞯 [马鞯 罗鞯 蒲鞯 锦鞯 花鞯 鞍鞯]

天 [奉天 九天 承天 江天 长天 谈天 云天 霜天]

坚 [冰坚 石坚 攻坚 愈坚 心坚 贞坚 弥坚 披坚 志坚]

肩 [豚肩 及肩 齐肩 香肩 比肩 息肩]

贤 [七贤 延贤 前贤 尚贤 妒贤 让贤 慕贤 大贤 高贤 荐贤 招贤]

弦 [七弦 五弦 拂弦 徽弦 调弦 抚弦 鼓弦 弄弦 张弦 鸣弦 上弦 控弦 初弦 鸣弦 惊弦 玉弦 钩弦]

烟 [风烟 凌烟 村烟 野烟 淡烟 江烟 松烟 人烟 寒烟 晓烟 汀烟 水烟 长烟 紫烟 轻烟 烽烟 含烟 薄烟 浓烟 暮烟]

燕 [北燕 归燕 幽燕 信燕]

莲 [青莲 池莲 采莲 金莲 白莲 碧莲]

怜 [乞怜 情怜 悯莲 亦怜 谁怜]

田 [圭田 蹊田 桑田 薄田 蓝田 瓜田 福田 归田]

钿 [花钿 珠钿 翠钿 金钿]

年 [忘年 残年 隔年 永年 芳年 暮年 华年 旧年 长年 韶年 流年]

牵 [挽牵 劳牵 丝牵 情牵 愁牵 衣牵 萦牵 相牵]

填 [金填 珠填]　　　　　　　颠 [醉颠 扶颠 米颠]
巅 [山巅 危巅 石巅]　　　　妍 [春妍 芳妍 态妍 色妍 鲜妍]
延 [迁延 相延 招延 蔓延 绵延] 研 [精研 墨研 手研]
筵 [开筵 法筵 酒筵 绮筵 别筵 舞筵 御筵 歌筵 长筵]
眠 [独眠 午眠 安眠 昼眠 春眠 夜眠 醉眠]
渊 [临渊 龙渊 九渊 清渊 涉渊 澄渊 潜渊 鱼渊 深渊]
涓 [中涓 师涓 涓涓]　　　　蠲 (juān) [吉蠲 明蠲]
边 [溪边 无边 枕边 鬓边 日边 池边 篱边 云边 守边 镇边 戍边]
编 [韦编 陈编 竹编 残编 手编] 县 [倒县 孤县 高县 心县]
玄 [清玄 思玄 悟玄 心玄 幽玄 洞玄 九玄]
泉 [渊泉 石泉 甘泉 酒泉 酿泉 响泉 廉泉 汲泉 酌泉 煮泉 林泉]
迁 [三迁 左迁 情迁 变迁 史迁 屡迁 乔迁 莺迁]
鲜 [红鲜 碧鲜 澄鲜 色鲜 新鲜 鳞鲜 花鲜 味鲜]
仙 [梅仙 酒仙 天仙 成仙 谪仙] 钱 [缗钱 荷钱 榆钱 埋钱 铸钱]
煎 [熬煎 忧煎 水煎 烹煎 浓煎 膏煎]
然 [鞔然 果然 油然 浩然 冷然 粲然 悠然 超然 偶然 豁然 沛然 寂然 飘然 怡然 天然 杳然 燕然 依然 宛然 公然 赫然 不然 惨然 斐然 嫣然 愕然 皎然 坦然]
毡 [细毡 青毡 受毡 书毡 铺毡 雪毡 白毡 花毡 锦毡]
旃 [含旃 赠旃 勉旃 曲旃 无旃 在旃 龙旃]
鳣 [鱼鳣 红鳣]　　　　　　　氀 [慕氀 毼氀]
禅 [问禅 逃禅 悟禅 坐禅 学禅]

蝉 [元蝉 捕蝉 新蝉 寒蝉 惊蝉 鸣蝉 暮蝉 秋蝉 金蝉]

缠 [腰缠 藤缠 丝缠 星缠 纠缠]

连 [钩连 颠连 留连 牵连 烟连]

联 [牵联 星联 接联 蝉联 珠联 璧联 影联]

涟 [涕涟 碧涟 清涟 珠涟]

篇 [百篇 长篇 连篇 遗篇 成篇 佳篇 新篇]

偏 [无偏 心偏 势偏]　　便 [静便 安便]

绵 [缠绵 芊绵 纯绵 瓜绵 丝绵 春绵 装绵 衣绵]

全 [万全 瓦全 两全 双全 福全 保全 难全]

穿 [日穿 鱼穿 莺穿 燕穿 鸟穿 蝶穿 履穿]

川 [颍川 辋川 洛川 晴川 平川 西川 秦川]

缘 [俗缘 尘缘 结缘 善缘 良缘]

镌 [磨镌 雕镌]　　宣 [承宣 来宣 言宣 诏宣]

鸢 [鸣鸢 纸鸢 飞鸢]　　铅 [汞铅 丹铅 朱铅 华铅]

捐 [弃捐 共捐]　　娟 [婵娟 娟娟]

鞭 [蒲鞭 长鞭 著鞭 举鞭 金鞭 买鞭 垂鞭 挥鞭 玉鞭 摇鞭 丝鞭]

圆 [团圆 轮圆 机圆 月圆 方圆 重圆 复圆 初圆 未圆]

旋 [左旋 斡旋 盘旋 周旋 凯旋]

船 [买船 客船 江船 沉船 画船 泊船 渔船]

涎 [垂涎 蜗涎 流涎 龙涎 吐涎]

铨 [三铨 四铨 未铨 衡铨]　　筌 [忘筌 竹筌 鱼筌]

砖 [汉砖 瓦砖 花砖 抛砖]　　专 [意专 宠专 情专 心专 自专]

员 [备员 常员 官员]　　乾 [祖乾 撼乾 握乾 承乾]

虔 [貌虔 告虔 致虔]　　愆 [三愆 罔愆 德愆 绳愆 过愆]

拳 [尊拳 老拳 石拳 嗔拳]　　骞 [不骞 高骞 渊骞 孤骞 张骞]

权 [专权 执权 擅权 分权 贪权 兵权]

椽 [数椽 一椽 短椽 屋椽 采椽 笔如椽]

传 [相传 音传 风传 心传 宣传 流传]

挛 [拘挛 牵挛 系挛 拳挛 龙挛 膝挛 绵挛 脚挛]

璇 [白璇 紫璇 天璇 枢璇 瑶璇 仙璇]

焉 [兴焉 忽焉 问焉]　　蹁 [蹁跹]

芊 [芊芊]　　溅 [水溅]

舷 [扣舷]　　咽 [下咽]

骈 [丽骈 比骈]　　阗 [于阗]

鹃 [杜鹃 闻鹃 啼鹃]　　甄 [钩甄 陶甄 化甄 精甄]

翩 [飘翩 联翩 翩翩 鸿翩]　　沿 [洄沿 尊沿]

还 [凯还 回还]　　诠 [真诠 妙诠 言诠]

痊 [病痊 理痊]　　佺 [偓佺 期佺]

悛 [不悛 可悛]　　荃 [芳荃 金荃 兰荃 芬荃]

遄 [月遄 赋遄]　　卷 [卷卷 善卷 且卷 连卷]

戋 [戋戋]　　仟 [仟仟 伯仟]

滇 [嵩滇 滇滇 巴滇]　　潺 [潺潺]

孱 [菜孱 虚孱]　　婵 [婉婵]

颛 [颛颛 性颛]　　褰 [烟褰 霞褰 帘褰]

搴 [朝搴] 嫣 [韩嫣] 鄢 [黄鄢 夕鄢 早鄢]
癣 [斑癣]
单 [孤单 田单 影单 衣单] 銷 [铜銷 梅銷 镯銷 步銷]
扇 [吹扇 右扇] 蜷 [不蜷 联蜷 枝蜷]
棉 [木棉] 橼 [香橼 枸橼]

【下平 二萧】

萧 [香萧 艾萧 苇萧 采萧 蓼萧]

箫 [洞箫 玉箫 吹箫 弄箫 管箫 凤箫]

貂 [金貂 汉貂 玉貂 黑貂 珥貂 续貂 华貂]

条 [萧条 凤条 长条 冰条 松条 翠条 柳条 桑条]

挑 [灯挑 懒挑 频挑] 刁 [竖刁 鸣刁 夜刁 击刁]

凋 [半凋 木凋 先凋 草凋] 雕 [玉雕 漆雕 琢雕 可雕 善雕]

迢 [誉迢 迢迢] 髫 [垂髫 抚髫 双髫 蜗髫]

跳 [珠跳 蛙跳 鱼跳 雀跳] 蜩 [鸣蜩 秋蜩 寒蜩 时蜩 残蜩]

苕 [剪苕 翠苕 兰苕] 调 [鼎调 亲调 失调 手调 风调]

枭 [赐枭 雉枭 得枭 呼枭] 浇 [酒浇]

聊 [椒聊 无聊] 辽 [度辽 沉辽 张辽]

撩 [相撩 暗撩 意撩 中撩] 寮 [绮寮 茶寮 药寮 窗寮 僧寮]

僚 [同僚 百僚 下僚 官僚 仙僚 友僚 群僚 幕僚 臣僚]

寥 [碧寥 清寥 寂寥 幽寥 星寥 寥寥 廓寥]

宵 [今宵 残宵 中宵 明宵 春宵 清宵 寒宵 经宵 良宵]

消 [雪消 容消 意消 雾消 恨消 酒消 冰消]

霄 [紫霄 冲霄 九霄 凌霄 丹霄 碧霄 青霄 洞霄]

绡 [鲛绡 藕绡 轻绡 凤绡 红绡 紫绡 冰绡 碧绡]

销 [香销 冰销 魂销 烛销 尘销]

朝（zhāo）[经朝 今朝 三朝 崇朝 芳朝 春朝 诘朝 花朝]

朝(cháo)[天朝 满朝 前朝 退朝 外朝 国朝 本朝 立朝 圣朝]

潮 [落潮 暮潮 怒潮 晚潮 海潮 夜潮 秋潮 归潮 弄潮 观潮 春潮]

椒 [涂椒 焚椒 芳椒 红椒 春椒 山椒]

娇 [阿娇 燕娇 藏娇 花娇 语娇 态娇 最娇]

桡 [鸣桡 酒桡 画桡 云桡 归桡 轻桡 停桡 桂桡 仙桡 双桡]

摇 [扶摇 山摇 目摇 波摇 步摇 扇摇 风摇 旌摇 柳摇 星摇]

嚣 [纷嚣 司嚣 喧嚣 浮嚣]　　　樵 [渔樵 归樵 春樵 耕樵 遇樵]

尧 [颂尧 法尧]　　　　　　　　峣 [岩峣 崔峣 峣峣]

幺 [六幺 大幺]　　　　　　　　超 [功超 慧超 名超 麟超]

谯 [沛谯 重谯 危谯 华谯]　　　骄 [矜骄 宠骄 奢骄 军骄]

焦 [枯焦 忧焦 叶焦 心焦]　　　蕉 [芭蕉 丛蕉 题蕉 梦蕉 红蕉]

徭 [征徭 戍徭 轻徭]　　　　　饶 [丰饶 兴饶 富饶 肥饶 沃饶]

烧 [香烧 花烧 高烧 霞烧 频烧] 遥 [山遥 水遥 云遥 逍遥]

姚 [骠姚 余姚 姓姚 虞姚 禀姚] 谣 [童谣 楚谣 歌谣 民谣 传谣]

瑶 [琼瑶 青瑶 丹瑶 紫瑶 江瑶] 韶 [闻韶 九韶 虞韶 大韶]

招 [禄招 徵招 礼招 心招 客招] 昭 [布昭 宜昭 英昭]

飚 [商飚 飞飚 凉飚 金飚]　　　标 [风标 孤标 名标 高标 芳标]

杓 [斗杓 转杓 移杓 指杓 魁杓]　　镴 [举镴 连镴 扬镴 玉镴 华镴]

瓢 [箪瓢 仙瓢 挂瓢]　　苗 [药苗 青苗 春苗 揠苗 鱼苗]

描 [白描 手描 新描 笔描 烟描]　　猫 [灵猫 醉猫 画猫 梦猫 寒猫]

腰 [绿腰 折腰 柳腰 素腰 楚腰 细腰 纤腰 轻腰 舞腰 缠腰 蜂腰]

要 [久要 三要 月要]　　邀 [招邀 花邀 见邀 月邀]

鸮 [思鸮 山鸮 集鸮 饥鸮 鸱鸮]　　乔 [迁乔 蓝乔 惟乔 王乔]

桥 [鹊桥 灞桥 星桥 浮桥 断桥]　　妖 [山妖 花妖 木妖]

夭 [桃夭 颠夭 草夭 含夭]　　漂 [凫漂 萍漂 焚漂 水漂 漂漂]

飘 [香飘 花飘 蓬飘 絮飘 雪飘]　　翘 [玉翘 兰翘 灵翘 翠翘 连翘]

祧 [庙祧 宗祧 守祧 合祧]　　佻 [猜佻 轻佻 言佻 县佻]

徼 [惠徼 幸徼]　　鹩 [鹪鹩 百鹩]

漻 [寂漻 漻漻 湫漻]　　娆 [娇娆 窈娆 妖娆]

陶 [定陶 馆陶 皋陶]　　橇 [乘橇 雪橇]

劭 [应劭]　　潇 [潇潇]

骁 [百骁 凭骁 骁骁]　　鲦 [游鲦 樊鲦 纤鲦 白鲦]

硝 [芒硝 英硝 甜硝 白硝 川硝 朴硝]

獠 [夜獠]　　鹪 (jiāo) [文鹪 白鹪 维鹪]

珧 [蜃珧 弓珧 玉珧 江珧]　　窑 [柴窑 越窑 官窑 定窑 瓦窑]

鹞 [云鹞 雪鹞 鹰鹞]　　钊 [郭钊 榻钊 成钊]

猺 [群猺 蛮猺 峒猺]　　藻 [紫藻 浮藻 碎藻 马藻]

轿 [舆轿 车轿 竹轿]　　荞 [花荞 收荞 苦荞 种荞]

嘹 [萧嘹 嘹嘹 风嘹]　　逍 [逍遥]

燎 [庭燎 守燎]　　　　　　剽 [攻剽 勇剽]

【下平　三肴】

肴 [山肴 丰肴 绮肴 蕙肴 野肴]
巢 [蚁巢 燕巢 南巢 来巢 鹊巢 云巢 凤巢 旧巢]
交 [缔交 淡交 绝交 神交 结交 定交 论交 旧交 择交]
郊 [近郊 青郊 晴郊 春郊 远郊 寒郊]
枹 [扬枹 菜枹 援枹]　　　茅 [拔茅 包茅 香茅 封茅 菅茅]
嘲 [诙嘲 解嘲 相嘲]　　　钞 [五钞 日钞 匙钞 露钞]
包 [并包 箨包 霜包 荷包]　胶 [如胶 松胶 脂胶 漆胶 阿胶]
爻 [六爻 上爻]　　　　　　苞 [花苞 竹苞 芳苞 菊苞]
蛟 [斩蛟 射蛟 腾蛟 潜蛟]　梢 [玉梢 花梢 曳梢 柳梢 月梢]
庖 [寒庖 良庖 代庖 野庖]　匏 [金匏 青匏 酌匏 凤匏]
敲 [经敲 竹敲 雨敲]　　　坳 [螭坳 水坳 砚坳 枕坳 云坳]
胞 [同胞 民胞 紫胞 鱼胞]　抛 [乱抛 轻抛 梦抛]
鲛 [舟鲛 鱼鲛]　　　　　　崤 [古崤 函崤 石崤]
铙 [晓铙 舞铙]　　　　　　炮 [烹炮 山炮 毛炮]
髾 [垂髾 云髾]　　　　　　哮 [咆哮 嗷哮]
捎 [长捎 莺捎]　　　　　　麃 (同 "狍") [野麃 社麃 白麃]
茭 [青茭 长茭 寒茭]　　　　淆 [溷淆 纷淆 不淆]
弰 [牙弰 檀弰 长弰 玉弰]　跑 [虎跑 鹿跑 足跑]
咬 [哇咬 哑咬]　　　　　　嘲 [朝嘲 戏嘲]

教 [天教 错教 悔教 谁教]　　咆 [鹿咆 雷咆 怒咆 龙咆]
鞘 [鞭鞘 六鞘 鸣鞘 丝鞘]　　鸮 [头鸮 鱼鸮]
姣 [长姣 妍姣 容姣 玉姣]　　抓 [虎抓 频抓]

【下平　四豪】

豪 [诗豪 文豪 气豪 意豪 气豪]
毫 [兔毫 紫毫 月毫 金毫 挥毫 粉毫 纤毫]
桃 [雪桃 木桃 宫桃 蟠桃 碧桃 羊桃 种桃 冰桃 夭桃 偷桃]
袍 [夺袍 紫袍 绣袍 征袍 赠袍 战袍 宫袍 绨袍]
操 [躬操 亲操 懒操 手操]　　绦 [金绦 丝绦 束绦]
髦 [两髦 左髦 时髦 俊髦]　　刀 [佩刀 操刀 钱刀 风刀 金刀]
萄 [葡萄]　　　　　　　　　猱 [猿猱 青猱 飞猱]
褒 [荣褒 旌褒 恩褒]　　　　糟 [楚糟 清糟 春糟]
漕 [城漕 庐漕 盐漕]　　　　旄 [羽旄 载旄 设旄 建旄]
挠 [风挠 曳挠 鱼挠 大挠]　　蒿 [结蒿 野蒿 蓬蒿 黄蒿 藜蒿]
涛 [晚涛 雪涛 怒涛 素涛 秋涛 波涛 奔涛 惊涛]
皋 [汉皋 珠皋 神皋 寒皋 东皋 兰皋 春皋]
曹 [六曹 马曹 法曹 尔曹 官曹 萧曹]
毛 [羽毛 凤毛 二毛 绿毛 翠毛 霜毛 貂毛]
号 [啼号 夜号 悲号]　　　　陶 [定陶 和陶 薰陶]
螯 [持螯 江螯 空螯]　　　　翱 [将翱 翔翱 风翱 谢翱]
鳌 [海鳌 金鳌 跨鳌]　　　　敖 [虚敖 居敖]

遭 [万遭 周遭]　　　　　篙 [放篙 轻篙 没篙]

羔 [献羔 春羔 豚羔 羊羔]　高 [登高 功高 志高 名高]

嘈 [刺嘈 喧嘈 秋嘈]　　　搔 [抑搔 玉搔 爬搔]

艘 [万艘 两艘 楚艘]　　　滔 [刘滔 窦涛 滔滔]

骚 [离骚 风骚 楚骚]　　　韬 [兵韬 戎韬 兵韬]

缫 [待缫 丝缫 初缫]　　　膏 [金膏 兰膏 脂膏 民膏]

逃 [逋逃 形逃]　　　　　醪 [醇醪 山醪 香醪 芳醪 绿醪]

牢 [太牢 虎牢 七牢 百牢]　槽 [水槽 檀槽 酒槽 香槽]

濠 [观濠 石濠]　　　　　劳 [告劳 效劳 伯劳 代劳 忘劳 心劳]

艚 [船艚 鸣艚 吴艚]　　　洮 [临洮 汾洮 会洮]

叨 [叨叨 念叨 重叨]　　　绸 [丝绸 蕙绸 轻绸]

璈 [玉璈 金璈 龙璈 云璈]　舠 [小舠 夜舠 渔舠 盈舠]

饕 [吏饕 老饕 贪饕]　　　骜 [骖骜 桀骜]

熬 [煎熬 炮熬 焦熬]　　　臊 [腥臊 臭臊 膏臊]

涝 [旱涝 水涝]　　　　　淘 [冷淘 温淘 浪淘]

尻 [奸尻 九尻]　　　　　挑 [达挑]

嚣 [喧嚣 轩嚣 尘嚣]　　　捞 [深捞 钩捞]

嗥 [兽嗥]　　　　　　　薅 [晨薅]

咎 [得咎 无咎]　　　　　谣 [民谣 童谣]

【下平　五歌】

歌 [樵歌 骊歌 朝歌 长歌 啸歌 九歌 悲歌 山歌]

多 [云多 鱼多 金多 三多]

罗 [红罗 青罗 轻罗 雀罗 绮罗 搜罗 张罗]

河 [九河 涉河 银河 关河 悬河 星河 天河]

戈 [枕戈 息戈 倒戈 荷戈 提戈]

阿 [太阿 曲阿 女阿 卷阿]　　和 [调和 协和 元和 太和 春和]

波 [伏波 素波 风波 轻波 余波 江波 澄波 烟波 扬波 月波]

科 [同科 甲科 催科]

柯 [执柯 霜柯 南柯 繁柯 寒柯 庭柯]

陀 [沙陀 补陀 曼陀 陂陀 头陀 婆陀]

娥 [星娥 素娥 娇娥 青娥 宫娥 霜娥]

蛾 [画蛾 书蛾 怜蛾 飞蛾]　　鹅 [黑鹅 换鹅 白鹅]

萝 [女萝 青萝 绿萝 轻萝 烟萝 藤萝 松萝]

螺 [髻螺 翠螺 黛螺 青螺 钿螺 红螺 法螺 烟螺]

荷 [碧荷 绮荷 春荷 珠荷]　　何 [云何 谁何 奈何 若何 萧何]

过 [经过 又过 雨过 帆过]　　磨 [墨磨 玉磨 研磨 琢磨 消磨]

禾 [纳禾 麦禾 种禾 嘉禾]　　窠 [竹窠 旧窠 鹊窠 凤窠 玉窠]

哥 [金哥 鹦哥 凤哥 翠哥]　　娑 [摩娑 婆娑]

驼 [紫驼 明驼]　　　　　　　佗 [尉佗 华佗]

沱 [滂沱 江沱 泽沱]　　　　　鼍 [白鼍 江鼍 灵鼍]

峨 [三峨 岷峨 嵯峨]　　　　　那 [无那 禅那 遮那 猗那]

娜 [婀娜 娇娜]　　　　　　　苛 [烦苛 小苛 万苛 百苛 除苛]

诃 [谴诃]　　　　　　　　　　珂 [鸣珂 谏珂 佩珂 玉珂]

轲 [荆轲 孟轲]　　　　　　莎 [青莎 绿莎 踏莎 烟莎 金莎]

蓑 [荷蓑 绿蓑 烟蓑 笠蓑 雨蓑]

梭 [鸣梭 风梭 寒梭 莺梭 金梭 抛梭 冰梭]

婆 [六婆 优婆 阿婆]　　　　讹 [式讹 文讹]

魔 [天魔 睡魔 妖魔 降魔]　　靴 [脱靴 绣靴 弓靴 宫靴 翠靴]

摩 [揣摩 顶摩 维摩 相摩 研摩 规摩 抚摩 观摩]

坡 [东坡 下坡 松坡 山坡 金坡 竹坡]

颇 [偏颇 偶颇]　　　　　　莪 [蓼莪 菁莪]

俄 [沙俄]　　　　　　　　哦 [吟哦]

呵 [频呵]　　　　　　　　皤 [石皤 鬓皤 苍皤]

么 [什么]　　　　　　　　涡 [漩涡]

窝 [云窝]　　　　　　　　跎 [蹉跎]

磋 [切磋]　　　　　　　　倭 [东倭 大倭]

搓 [手搓 绿搓]　　　　　　箩 [筛箩]

啰 [喽啰]　　　　　　　　锣 [鸣锣 小锣 金锣]

【下平　六麻】

麻 [桑麻 白麻 胡麻 蓬麻 青麻]

花 [唾花 桐花 浣花 水花 岸花 菱花 飞花 梁花 簪花 星花 秋花]

霞 [流霞 云霞 翠霞 飞霞 晨霞 春霞 残霞 丹霞 暮霞 青霞]

家 [官家 通家 世家 故家 天家 王家 法家 仙家 邻家 汉家 兵家]

茶 [煎茶 新茶 煮茶 烹茶]

华 [法华 物华 风华 芳华 铅华 京华 纷华 韶华 荣华 光华]

沙 [泥沙 金沙 汀沙 寒沙]

车 [水车 钿车 酒车 驻车 羊车 縿车]

牙 [犬牙 爪牙 崇牙 铜牙 红牙 龙牙 檐牙]

蛇 [金蛇 斩蛇 赤蛇 灵蛇 惊蛇 青蛇]

瓜 [寒瓜 剖瓜 破瓜 木瓜 种瓜 浮瓜 尝瓜]

斜 [鬓斜 竹斜 柳斜 烟斜 日斜 横斜]

邪 [闲邪 照邪 止邪 去邪 驱邪 纠邪]

芽 [吐芽 香芽 笋芽 新芽 槐芽 黄芽 修芽 白芽 玉芽 抽芽 寒芽]

嘉 [孔嘉 永嘉 孟嘉 静嘉 柔嘉]

瑕 [点瑕 匿瑕 纤瑕 疵瑕 赤瑕 微瑕 瑜瑕 深瑕]

纱 [宫纱 剪纱 浣纱 碧纱 扇纱 轻纱]

鸦 [鬓鸦 老鸦 栖鸦 暮鸦 昏鸦 归鸦 啼鸦]

遮 [扇遮 手遮 阴遮 难遮 山遮]

叉 [药叉 夜叉 灵叉 玉叉 八叉]

葩 [兰葩 诗葩 天葩 金葩 丹葩 霜葩 残葩 锦葩]

奢 [去奢 太奢 豪奢 骄奢 纷奢 华奢]

衙 [槐衙 蜂衙 官衙 排衙 合衙 退衙]

赊 [漏赊 望赊 兴赊 意赊]

涯 [有涯 两涯 生涯 水涯 津涯 无涯]

嗟 [叹嗟 怨嗟 咨嗟 长嗟 咄嗟 悲嗟 吁嗟]

笳 [塞笳 奏笳 边笳 吹笳 晨笳 哀笳 清笳 鸣笳 悲笳 芦笳]

虾 [目虾 素虾 红虾 天虾 珠虾 青虾]

楂 [流楂 汉楂 斗楂]　　　琶 [琵琶 金琶]

蟆 [石蟆 金蟆]　　　夸 [自夸 矜夸 堪夸 浮夸 骄夸]

巴 [瓠巴 汉巴 三巴 秦巴 田巴]　加 [已加 年加 交加]

耶 [莫耶 若耶 琅耶 浑耶]　　遐 [福遐 迩遐 幽遐 荒遐]

差 [景差 岁差]　　　蛙 [产蛙 官蛙 井蛙 闻蛙 鸣蛙]

拿 [腾拿 龙拿 纷拿 盘拿]　　葭 [蒹葭 飞葭 苍葭 吹葭]

茄 [荷茄 五茄]　　　呀 [呀呀 嗟呀]

枷 [连枷 金枷 脱枷]　　　哑 [呕哑 咿哑]

娲 [女娲 灵娲]　　　爬 [搔爬]

杷 [枇杷 鸟杷 摘杷]　　　蜗 [盘蜗 壁蜗 篆蜗]

芭 [庭芭 荆芭 桐芭]　　　珈 [瑶珈]

杈 [权杈 槎杈]　　　娃 [宫娃 淫娃 馆娃 娇娃]

洼 [水洼]　　　畲 [山畲 石畲]

丫 [枝丫 髻丫]　　　夸 [盗夸 虚夸 矜夸]

袈 [袈裟]　　　痂 [结痂]

琊 [琅琊 郡琊]　　　桠 [林桠 青桠 三桠]

杈 [渔杈]　　　岈 [嵖岈]

椰 [棕椰 青椰 金椰]　　　迦 [释迦]

笆 [篱笆 竹笆 庭笆 荆笆]　　桦 [白桦]

【下平　七阳】

阳 [龙阳 斜阳 昭阳 河阳 骄阳 艳阳 平阳 残阳 三阳 丹阳 华阳]

杨 [枯杨 长杨 穿杨 青杨 白杨 垂杨 官杨 绿杨 疏杨]

扬 [明扬 鹰扬 声扬 显扬 远扬 悠扬 眉扬 清扬 飞扬 抑扬 轻扬]

香 [馨香 衣香 晚香 暗香 熏香 凝香 芸香 分香 暖香 添香 异香 余香 生香]

乡 [帝乡 水乡 他乡 睡乡 仙乡 家乡 归乡]

光 [容光 和光 流光 萤光 重光 素光 灯光 浮光]

昌 [永昌 克昌]

堂 [公堂 画堂 垂堂 明堂 北堂 兰堂 华堂 草堂]

章 [绮章 旧章 词章 短章 谏章 金章 乐章 平章 奏章]

张 [主张 弛张 分张 开张 铺张]

王 [三王 花王 勤王 法王 天王]

房 [椒房 蜂房 禅房 山房 莲房 紫房 阿房 闺房]

芳 [流芳 众芳 寻芳 承芳 蕙芳 晚芳 芬芳 含芳]

长 [漏长 天长 偏长 鞭长 日长]

塘 [钱塘 方塘 横塘 野塘 莲塘 池塘 寒塘 藕塘 陂塘]

妆 [红妆 薄妆 明妆 泪妆 宫妆 轻妆 催妆 淡妆 晓妆 理妆 啼妆]

常 [靡常 司常 平常 有常]

凉 [苍凉 秋凉 微凉 纳凉 夜凉 悲凉 苍凉 野凉 夏凉 西凉 夕凉]

霜 [履霜 风霜 星霜 肃霜 寒霜 鬓霜 繁霜 秋霜 凌霜 凝霜 傲霜]

藏 [潜藏 卷藏 珍藏 善藏 包藏 弓藏]

方 [知方 同方 土方 乖方 遐方 万方 直方 职方 易方 上方]

浆 [壶浆 乞浆 椒浆 寒浆 酒浆 蔗浆 冰浆 琼浆 桂浆]

觞 [滥觞 流觞 泛觞 羽觞 飞觞 倾觞 传觞 浮觞]

梁 [山梁 关梁 绕梁 跳梁 河梁 石梁 浮梁 津梁 画梁]

皇 [张皇 春皇 紫皇 堂皇 三皇 东皇 娥皇]

黄 [雌黄 元黄 梅黄 蕉黄 昏黄 苍黄 橙黄]

场 [逢场 擅场 沙场 登场]　　央 [未央 中央]

泱 [泱泱]　　鸯 [鸳鸯]

秧 [插秧 分秧]　　嫱 [王嫱 毛嫱]

狼 [天狼 山狼 豺狼]　　床 [象床 空床 抚床 东床 牙床]

娘 [萧娘 桃娘 窈娘 珠娘]　　庄 [色庄 山庄 康庄]

襄 [七襄 怀襄 上襄]　　仓 [义仓 太仓 神仓 鱼仓 敖仓]

装 [趣装 轻装 越装 军装]　　殇 [国殇 彭殇 长殇]

骧 [上骧 马骧 腾骧 龙骧 高骧 云骧]

相 [端相 交相 宝相 形相]　　湘 [濯湘 熊湘 三湘 南湘]

缃 [缥缃 縑缃]　　箱 [东箱 西箱 瑶箱 青箱 黄箱]

创 [金创 故创]　　忘 [善忘 坐忘 不忘 病忘]

芒 [毫芒 绮芒 光芒 微芒]　　望 [永望 令望 远望 瞻望]

尝 [备尝 饱尝 先尝 新尝]　　偿 [责偿 春偿]

樯 [去樯 危樯 风樯]　　枪 [长枪 旗枪 茶枪 金枪]

坊 [教坊 言坊 桂坊 花坊]

囊 [珠囊 米囊 智囊 萤囊 锦囊 佩囊 青囊 香囊 探囊 行囊]

郎 [沈郎 六郎 刘郎 夜郎 王郎 何郎 萧郎]

唐 [李唐 三唐 虞唐 采唐 兰唐 西唐 南唐]

狂 [楚狂 酒狂 风狂 疏狂 佯狂 清狂 轻狂 蜂狂]

强 [屈强 侍强 坚强 刚强]

肠 [绣肠 冷肠 柔肠 愁肠 离肠 中肠 枯肠 断肠]

康 [安康 太康 靖康 少康 永康]

冈 [陟冈 凤冈 昆冈 云冈 高冈 平冈]

翔 [翱翔 凤翔 将翔 云翔 飞翔 高翔]

苍 [昊苍 九苍 空苍 上苍]　　匡 [胥匡 云匡 拘匡 大匡]

荒 [四荒 遐荒 八荒 洪荒]　　遑 [不遑 何遑 莫遑 末遑 或遑]

行 [雁行 鸳行 周行 微行]　　妨 [不妨 意妨 何妨]

棠 [野棠 如棠 甘棠 沙棠]　　良 [忠良 贤良 循良 温良]

航 [浮航 法航 乘航]　　飏 [蝶飏 飘飏 烟飏]

伥 [朱伥 鬼伥]　　羌 [西羌 护羌 破羌]

庆 [具庆 余庆 孙庆]　　疆 [畿疆 侵疆 无疆 封疆 边疆]

僵 [冻僵 枯僵 桃僵]　　缰 [脱缰 丝缰]

苌 [姚苌 毛苌]　　粮 [乞粮 裹粮 绝粮 鹤粮]

将 [就将 远将 输将 干将]　　桑 [女桑 翳桑 柔桑 柴桑]

姜（姓氏）[邑姜 孟姜 太姜 季姜 齐姜 姬姜]

姜（食用）[蜀姜 辛姜 山姜 红姜 紫姜]

墙 [女墙 萧墙 邻墙 倚墙 隔墙 宫墙]

穰 [岁穰 富穰 浩穰 土穰 丰穰 积穰]

刚 [气刚 制刚 坚刚 练刚]　　祥 [百祥 降祥 慈祥 吉祥]

详 [参详 礼详 审详 推详 端详 周详 安详]

洋 [浩洋 奔洋 滂洋 凤洋 汪洋 望洋 石洋]

旸 [雨旸 旦旸 恒旸 时旸]　　佯 [彷佯]

伴 [倡伴]　　　　　　　　　梁 [青梁 黄梁 膏梁 稻梁]

量 [丈量 考量 斗量]　　　　羊 [牧羊 牵羊 黄羊 羝羊 烹羊]

伤 [神伤 忧伤 悲伤 感伤]　　汤 [尧汤 沸汤 浴汤 莲汤]

樟 [豫樟 乌樟 洪樟 枯樟]　　鲂 [宜鲂 孙鲂 鲤鲂 河鲂 伊鲂]

漳 [河漳 临漳]　　　　　　　彰 [孔彰 滋彰 焕彰 知彰 昭彰]

璋 [弄璋 牙璋 中璋]　　　　猖 [文猖]

防 [川防 边防 设防 堤防]　　商 [按商 清商 宫商 参商 素商]

筐 [提筐 虚筐 倾筐]　　　　煌 [燉煌 焜煌]

隍 [池隍 金隍]　　　　　　　篁 [嫩篁 翠篁 幽篁 新篁 松篁]

凰 [求凰 鸾凰 凤凰]　　　　徨 [彷徨]

蝗 [祭蝗 捕蝗 除蝗 飞蝗]　　惶 [恐惶 惭惶]

璜 [钓璜 珩璜 两璜 双璜]　　榔 [槟榔]

廊 [绕廊 西廊]　　　　　　　浪 [沧浪 淋浪 洪浪 汪浪]

裆 [锦裆 绣裆]　　　　　　　沧 [兰沧]

纲 [乾纲 提纲 天纲 朝纲]　　吭 [引吭]

钢 [精钢 炼钢]　　　　　　　潢 [天潢 五潢 星潢 玉潢 池潢]

丧 [奔丧 居丧 治丧]　　　　肓 [膏肓 心肓]

簧 [竹簧 奏簧 鼓簧 金簧 笙簧 银簧 幽簧 莺簧 调簧]

忙 [匆忙 慌忙]
傍 [偏傍 车傍 路傍]
琅 [仓琅 琳琅 青琅]
珰 [宝珰 碧珰 鸣珰 珠珰 琅珰]
裳 [菊裳 裂裳 羽裳 练裳]
障 [自障 保障]
疡 [病疡]
邙 [北邙 蒿邙 修邙]
攘 [方攘 安攘 扰攘]
亡 [追亡 唇亡]
蔷 [红蔷 东蔷]
邡 [什邡]

茫 [渺茫 苍茫 溟茫 微茫]
臧 [式臧 谋臧 允臧 偕臧]
当 [适当 承当 何当 独当]
庠 [上庠 虞庠 殷庠]
昂 [激昂 轩昂 低昂]
糖 [滑糖 霜糖]
杭 [余杭]
湟 [河湟 汩湟]
瓤 [瓜瓤]
殃 [灾殃]
孀 [孤孀]

【下平　八庚】

庚 [长庚 仓庚 商庚 后庚 盘庚]
羹 [豆羹 菜羹 藜羹 调羹 尝羹]
横 [舟横 剑横 云横 钗横 气横]
彭 [岑彭 田彭 韩彭]
亨 [咸亨 元亨 运亨 先亨]
鸣 [鹤鸣 凤鸣 鸡鸣]
英 [玉英 兰英 含英 群英 菊英 绿英]
烹 [鼎烹 自烹 煎烹 遭烹 新烹]

更 [残更 岁更 初更]
坑 [火坑 兰坑 秦坑]
觥 [酒觥 金觥 玉觥 满觥]
棚 [锦棚 彩棚 瓜棚 凉棚]
瑛 [玉瑛 赤瑛 珠瑛 瑶瑛]
莹 [玉莹 晶莹 莹莹]

评 [书评 史评 品评 诗评 讥评]

平 [治平 太平 北平 持平 潮平 陈平 升平 荡平 承平]

枰（下棋）[枯枰 推枰 敲枰 石枰 对枰]

惊 [震惊 蝶惊 魂惊 不惊 心惊]　　荆 [柴荆 紫荆]

京 [旧京 燕京 东京 神京 镐京]

明 [承明 启明 昭明 圣明 窗明 花明]

盟 [结盟 鸥盟 旧盟 背盟 会盟 山盟]

荣 [春荣 殊荣 显荣 恩荣 滋荣 尊荣]

兵 [甲兵 疑兵 骄兵 洗兵 按兵 伏兵 屯兵 移兵]

兄 [父兄 宗兄 难兄 称兄 诸兄]

卿 [公卿 芳卿 荀卿 花卿 客卿 长卿]

生 [平生 苍生 潮生 浮生 兰生 长生 残生]

甥 [舅甥 诸甥]　　　　　　　笙 [吹笙 调笙 玉笙]

牲 [牺牲 牢牲 宰牲 陈牲]　　檠 [孤檠 寒檠]

擎 [笑擎 枝擎 手擎]　　　　鲸 [钓鲸 巨鲸 骑鲸 射鲸 鲲鲸]

黥 [刑黥 两黥 墨黥]　　　　迎 [逢迎 送迎 花迎 相迎]

行 [晓行 月行 横行]　　　　衡 [度衡 鉴衡 连衡 阿衡]

耕 [寒耕 归耕 笔耕 深耕 躬耕 锄耕]

萌 [将萌 紫萌]　　　　　　甿 [安甿 劝甿 犬甿 庶甿 群甿]

甍 [雕甍 翠甍 紫甍 画甍 朱甍] 纮 [帝纮 长纮 西纮 神纮]

宏 [恢宏]　　　　　　　　　闳 [开闳 九闳 深闳]

茎 [金茎 根茎 紫茎 弱茎 细茎 风茎]

清 [太清 神清 泉清 玉清 夜清 冰清 临清 歌清]

情 [尽情 无情 钟情 深情 性情 风情 忘情 移情 含情 旧情 柔情]

晴 [雪晴 初晴 朝晴 秋晴 春晴 晓晴 阴晴]

精 [青精 黄精 花精 惟精 元精]

旌 [悬旌 翠旌 素旌 兰旌 客旌 霞旌]

莺 [金莺 流莺 迁莺 闻莺 娇莺 啼莺 晓莺 听莺]

樱 [朱樱 山樱 含樱 青樱 红樱] **罂** [金罂 酒罂 瑶罂 菊罂]

泓 [一泓] **橙** [霜橙 金橙 破橙 锦橙]

筝 [秦筝 调筝 闻筝 素筝 哀筝] **争** [纷争 兵争 喧争 无争]

睛 [龙睛 转睛 青睛] **菁** [菁菁 芜菁]

晶 [水晶 翠晶 玉晶] **盈** [充盈 虚盈 持盈 不盈 丰盈]

楹 [簨楹 华楹 朱楹 绣楹 绮楹] **瀛** [沧瀛 仙瀛 蓬瀛 东瀛 云瀛]

赢 [秦赢 怀赢 孤赢 侯赢 朱赢] **赢** [输赢 求赢 丰赢 余赢]

营 [经营 屯营 连营 军营] **婴** [娇婴 晏婴 女婴 育婴]

缨 [簪缨 繁缨 请缨 珠缨 结缨 长缨]

贞 [忠贞 坚贞 女贞 廉贞 利贞 幽贞]

成 [功成 落成 责成 无成 晚成 染成 垂成]

城 [金城 赤城 倾城 边城 干城 江城 龙城]

诚 [忠诚 丹诚 纯诚 精诚 竭诚 修诚]

呈 [进呈 肆呈 外呈] **盛** [白盛 奉盛]

程 [前程 旅程 鹏程 章程] **醒** [解醒 春醒 余醒 宿醒]

声 [秋声 笛声 鸡声 郑声 蛙声 漏声 笳声 箫声 边声]

征 [长征 远征 东征 西征 南征]　正 [夏正 周正 元正 射正]

名 [盛名 挂名 令名 问名 慕名 市名 沽名 修名 齐名 浮名]

蘅 [杜蘅 红蘅 萧蘅 绿蘅 幽蘅 篱蘅]

钲 [晓钲 铜钲 敲钲]　　　轻 [云轻 蝶轻 言轻]

令 [号令 律令 命令]　　　并 [守并 幽并 交并 相并]

倾 [葵倾 天倾 壶倾 权倾]　 萦 [愁萦 心萦 缠萦]

琼 [碎琼 紫琼 瑶琼 报琼]　鹒 [仓鹒 春鹒]

伶 [吴伶 楚伶]　　　　　霙 [浮霙 垂霙 玉霙 霰霙 珠霙]

猩 [禽猩]　　　　　　　珩 [白珩 佩珩 璜珩 楚珩 沉珩]

铿 [梦铿 阴铿]　　　　　翃 [韩翃 王翃]

嵘 [峥嵘]　　　　　　　丁 [伐木丁丁]

嘤 [咿嘤 飞嘤 鸣嘤 时嘤]　鹦 [春鹦 雪鹦 锦鹦]

铮 [铮铮 铿铮]　　　　　琤 [琮琤 玉琤 瑽琤]

蜻 [好蜻 舞蜻]　　　　　茔 [冢茔 新茔 旧茔 庐茔 墓茔]

璎 [连璎 香璎]　　　　　桢 [为桢 周桢 椒桢]

撄 [相撄 来撄]　　　　　祯 [休祯 祥祯 嘉祯 国祯 瑞祯]

顷 [有顷]　　　　　　　坪 [荷坪 寒坪 杨坪]

【下平　九青】

青 [丹青 眼青 踏青 拾青 鸦青]　形 [成形 图形 虚形]

泾 [浊泾 渭泾]　　　　　经 [九经 翻经 传经 穷经 残经]

刑 [怀刑 缓刑 严刑 宫刑 繁刑 肉刑 慎刑]

亭 [汾亭 长亭 竹亭 云亭 客亭 野亭]
庭 [帝庭 汉庭 珠庭 王庭 宫庭 洞庭 闲庭]
邢 [居邢 城邢 尹邢]　　硎 [磨硎 发硎 支硎]
铏 [六铏 殷铏 羊铏 祭铏]　　型 [类型 典型]
陉 [山陉 绝陉]　　廷 [天廷 朝廷 外廷 帝廷]
霆 [疾霆 雷霆]　　蜓 [蜻蜓]
渟 [渊渟 水渟 川渟]　　停 [云停 暂停]
丁 [添丁 白丁 零丁 壮丁]　　宁 [安宁 康宁]
钉 [眼钉 竹钉]　　馨 [椒馨 芳馨 余馨 素馨 桂馨]
俜 [伶俜]　　星 [客星 疏星 残星 繁星 春星]
腥 [脱腥 鹿腥 味腥]　　醒 [酒醒 半醒 独醒 愁醒 眠醒]
灵 [曜灵 炳灵 赤灵 百灵 显灵 仙灵 性灵 精灵]
棂 [曲棂 牅棂 碧棂 纱棂 疏棂 轩棂 翠棂]
龄 [九龄 长龄]　　铃 [掣铃 阁铃 铎铃 悬铃 闻铃]
苓 [茯苓 芳苓 参苓]　　伶 [老伶 优伶 刘伶]
泠 [西泠 空泠]　　零 [雨零 涕零]
玲 [珑玲 珮玲]　　舲 [越舲 吴舲 松舲]
聆 [听聆 细聆]　　翎 [梳翎 双翎 翠翎 箭翎 霜翎]
听 [闲听 细听 谁听 道听]　　厅 [扫厅 槐厅 冰厅 公厅]
汀 [鹤汀 蓼汀 浅汀 鹭汀 花汀 楚汀 烟汀 沙汀]
铭 [禹铭 盘铭 残铭 鼎铭 碑铭 心铭 勒铭]
冥 [窈冥 晦冥 窅冥 渺冥 苍冥] 溟 [北溟 鲲溟 四溟 西溟 沧溟]

萤 [阶萤 祥萤 仙萤 瑞萤]　　螟 [负螟 秋螟 蝗螟]
瓶 [酒瓶 净瓶 花瓶 金瓶 玉瓶]　屏 [画屏 锦屏 列屏 素屏]
萍 [落萍 白萍 飘萍 绿萍 轻萍 池萍 青萍 浮萍]
萤 [聚萤 集萤 草萤 落萤 囊萤 飞萤 流萤 秋萤]
荧 [流荧 沉荧 光荧]　　扃 [启扃 扣扃 竹扃 夜扃]
坰 [野坰 守坰 郊坰 林坰]　　濙 [汀濙 涎濙]

【下平　十蒸】

蒸 [气蒸 霞蒸 薰蒸 薪蒸 樵蒸]　烝 [林烝 尝烝 享烝]
承 [敬承 顺承 奉承 仰承 趋承]　丞 [郡丞 寺丞 监丞 右丞]
惩 [小惩 劝惩 创惩 纠惩 相惩]　凌 [欺凌 威凌]
陵 [五陵 茂陵 杜陵 东陵 金陵]　绫 [色绫 吴绫 宫绫 绮绫]
菱 [紫菱 池菱 朱菱 煮菱 食菱]　冰 [伐冰 饮冰 履冰 语冰 凝冰]
膺 [早膺 镂膺 拊膺]　　鹰 [饲鹰 苍鹰 饥鹰 黄鹰]
应（应当）[视应 志应]　　应（答应）[细应 声应 娇应]
蝇 [青蝇 苍蝇 飞蝇 驱蝇]　　绳 [结绳 准绳 长绳 受绳]
渑 [峪渑 绿渑]　　昇 [云昇 日昇 东昇 飞昇]
升 [超升 云升 渐升 高升]　　胜 [难胜 未胜 能胜 易胜]
兴 [吴兴 宵兴 复兴 犹兴]　　缯 [裂缯 绛缯 赤缯 素缯 丝缯]
凭 [无凭 堪凭 有凭]　　仍 [频仍 有仍 因仍]
矜 [骄矜 哀矜 相矜 气矜]　　徵 [休徵 明徵 三徵]
称 [谦称 尊称 著称 并称]　　凝 [霜凝 冰凝 澄凝 朝凝 露凝]

登 [共登 白登 先登 丰登]　　灯 [青灯 渔灯 银灯 挑灯 张灯]
僧 [诗僧 胡僧 归僧 圣僧]　　增 [更增 方增]
憎 [取憎 爱憎 可憎 嫌憎]　　罾 [鱼罾 投罾]
层 [数层 几层]　　　　　　　曾 [高曾 何曾 几曾]
棱 [模棱 金棱]　　　　　　　朋 [同朋 携朋 旧朋]
鹏 [飞鹏 溟鹏 鲲鹏]　　　　 堋 [对堋 泥堋 行堋]
肱 [曲肱 枕肱 良肱]　　　　 腾 [沸腾 上腾 龙腾 声腾]
滕 [长滕 先滕]　　　　　　　崚 [峥崚 昆崚]
恒 [有恒 如恒 无恒]　　　　 凭 [无凭]
藤 [紫藤 葛藤 翠藤 疏藤 长藤 枯藤 蔓藤]
能 [独能 鲜能 慧能 廉能 称能 难能]

【下平　十一尤】

尤 [何尤 蚩尤 石尤 怨尤 效尤]　　邮 [星邮 书邮 宿邮 鸡邮 督邮]
忧 [忘忧 解忧 隐忧 无忧 心忧 何忧 分忧 堪忧]
流 [江流 长流 细流 洪流 中流 放流 逐流 星流]
优 [俳优 品优 兼优 伶优]　　斿 [九斿 辰斿 华斿]
旒 [冕旒 珠旒 垂旒 九旒]　　留 [难留 长留 淹留 羁留]
榴 [石榴 丹榴 火榴]　　　　 骝 [骅骝 骐骝 紫骝]
刘 [安刘 遏刘]　　　　　　　由 [何由 经由 缘由 无由]
油 [碧油 杏油 青油]　　　　 游 [冶游 悠游 宦游 夜游 旧游]
猷 [厥猷 远猷 令猷 芳猷]　　悠 [路悠 云悠 悠悠]

攸 [相攸 心攸]　　　　　　牛 [饭牛 眠牛 金牛 烹牛 汗牛]

修 [慎修 敬修 清修 束修 蹇修]　羞 [包羞 可羞 含羞 娇羞]

秋 [九秋 暮秋 清秋 悲秋 三秋 孟秋]

楸 [松楸 青楸 梧楸 庭楸 长楸]

周 [道周 虑周 庄周 西周 兴周 东周 尊周 商周]

州 [五州 锦州 柳州 九州 几州 蓟州 青州 荆州 西州 皇州 瓜州 神州 中州 东周 环州 南州 雍州 徐州 扬州]

洲 [南洲 春洲 沧洲 兰洲 瀛洲 芳洲 河洲 星洲 沙洲 汀洲 瓜洲]

舟 [龙舟 客舟 放舟 横舟 画舟 柏舟 轻舟 云舟 渔舟 松舟 登舟]

仇 [复仇 寇仇 仇仇 报仇 解仇 避仇 敌仇]

柔 [娇柔 桑柔 怀柔 香柔 骨柔 优柔 轻柔 春柔]

筹 [运筹 唱筹 晓筹 酒筹 觥筹 鸡筹]

酬 [相酬 唱酬 应酬]　　　　　畴 [惠畴 田畴 瓜畴]

俦 [朋俦 良俦]　　　　　　　稠 [香稠 花稠 云稠]

邱 [丹邱 林邱 比邱 嵩邱 故邱 灵邱 青邱 荒邱 紫邱 虎邱]

收 [薄收 兼收 雾收 俱收 云收 卷收]

愁 [客愁 添愁 离愁 解愁 含愁 消愁 莫愁 闲愁 蝶愁]

休 [日休 不休 罢休 休休 归休 咸休]

求 [予求 索求 贪求 谋求 何求 营求 无求]

球 [击球 抛球 星球 踢球 滚球 雪球 绣球]

谋 [权谋 进谋 智谋 奇谋 阴谋 良谋 寡谋 身谋 远谋]

抽 [麦抽 花抽 新抽 旋抽]　　湫 [龙湫 谷湫 石湫 山湫]

鸠 [雎鸠 鸣鸠 拙鸠] 　　　　　　不 [有不 在不 好不]
囚 [楚囚 献囚 纵囚 羁囚] 　　　　裘 [重裘 貂裘 解裘 轻裘]
牟 [敦牟 中牟] 　　　　　　　　矛 [杖矛 戈矛 折矛]
浮 [沉浮 罗浮 气浮 香浮 光浮 鸥浮]
眸 [醉眸 两眸 明眸 凝眸 清眸 星眸]
侯 [王侯 君侯 留侯 列侯 五侯 封侯 公侯 夏侯]
喉 [转喉 娇喉 莺喉 清喉 歌喉] 　　猴 [沐猴 猕猴]
讴 [学讴 棹讴 越讴 善讴 樵讴] 　　沤 [池沤 浮沤 霜沤]
鸥 [宿鸥 野鸥 白鸥 泛鸥 轻鸥] 　　瓯 [玉瓯 盈瓯 金瓯]
娄 [离娄 非娄 黔娄] 　　　　　　陬 [海陬 毕陬 远陬 城陬]
楼 [碧楼 绮楼 画楼 倚楼 秦楼 书楼 东楼 翠楼 龙楼 凤楼 青楼 危楼 琼楼 满楼 登楼]
头 [渡头 陌头 眉头 江头 陇头 苍头 枝头 楼头 蓬头]
偷 [暗偷 语偷] 　　　　　　　　投 [暗投 轻投 依投 情投]
钩 [玉钩 金钩 香钩 帘钩 吴钩 悬钩 吞钩]
沟 [御沟 曲沟 鸿沟 芳沟 禁沟 纳沟 碧沟 城沟 清沟]
蚪 [碧蚪 玉蚪 素蚪 青蚪 潜蚪 云蚪]
幽 [烛幽 探幽 清幽 幽幽] 　　　　訦 [口訦 无訦 谤訦]
疣 [悬疣 疮疣 病疣] 　　　　　　镠 [钱镠 琳镠 精镠]
瘤 [瘿瘤 赘瘤] 　　　　　　　　鞦 [玉鞦 青鞦 银鞦 马鞦]
蟉 [蜉蟉] 　　　　　　　　　　犹 [相犹 夷犹 仇犹 壮犹]
啾 [啁啾 唧啾 鸣啾] 　　　　　　酋 [敌酋 倭酋]

揉 [错揉 娇揉 和揉 风揉 矫揉] 搜 [冥搜]

叟 [老叟 黄叟] 獉 [貔獉]

泅 [卧泅 学泅 善泅] 裯 [敝裯 轻裯 抱裯 衾裯 同裯]

球 [小球 琅球 琉球] 蜉 [蚍蜉]

桴 [桧桴 栋桴 重桴] 罘 [解罘 帐罘 之罘]

鍭 [攒鍭 金鍭 鸣鍭] 欧 [韩欧 苏欧]

髅 [骷髅 髑髅] 兜 [锦兜 竹兜 丝兜]

诹 [咨诹 嗟诹] 缪 [相缪 绸缪]

繇 [率繇 皇繇 优繇]

【下平 十二侵】

侵 [尘侵 苔侵 斜侵 风侵]

寻 [千寻 追寻 研寻 独寻 遍寻] 浔 [水浔]

林 [上林 羽林 疏林 禅林 竹林 芳林 杏林 瑶林 花林 密林 绿林 士林 归林]

霖 [商霖 幽霖 甘霖 梅霖] 临 [鉴临 咸临 登临 君临]

针 [棘针 杵针 纫针 秧针 停针 金针 穿针]

砧 [村砧 夜砧 梵砧 霜砧]

斟 [满斟 浅斟 频斟 自斟] 箴 [良箴 史箴 时箴 官箴 规箴]

沉 [浮沉 月沉 影沉 醉沉 深沉 钩沉]

深 [怨深 意深 浅深 渊深 云深 资深 情深 花深 春深 秋深]

淫 [诲淫 雨淫 祸淫 骄淫 荒淫 贪淫]

心［赤心 锦心 息心 赏心 熏心 同心 归心 扪心 冰心 机心 欢心 关心 甘心 丹心 禅心 澄心 芳心 初心 印心 无心］

琴［蜀琴 抱琴 弄琴 鸣琴 抚琴 调琴 瑶琴 携琴 横琴 挑琴］

禽［雪禽 寒禽 水禽 翔禽 归禽 沙禽］

衾［拥衾 罗衾 香衾 寒衾 客衾 锦衾 重衾］

擒［手擒 就擒 计擒］　　　　**钦**［德钦 凤钦 仰钦］

吟［旅吟 苦吟 清吟 沉吟］　**今**［当今 迄今 古今 方今 至今］

襟［敛襟 解襟 青襟 披襟 罗襟 兰襟 衣襟］

金［断金 镂金 铄金 掷金 佩金 碎金 千金 腰金 却金］

音［八音 童音 笛音 雅音 德音 梵音 兰音 佳音］

阴［积阴 绿阴 寸阴 槐阴 江阴 轻阴 芳阴 春阴 桐阴 柳阴 花阴］

岑［碧岑 青岑 远岑 遥岑 烟岑 嵩岑］

琳［碧琳 紫琳 瑶琳］　　　　**簪**［玉簪 脱簪 缨簪 珠簪 瑶簪］

椹［桑椹］　　　　　　　　　**忱**［热忱］

壬［妇壬 六壬 三壬 佥壬］　**纴**［纤纴 总纴］

任［力任 胜任 自任 治任 肩任］**霪**［滞霪 阴霪］

愔［德愔 爱愔］　　　　　　**黔**［苍黔 巴黔］

歆［德歆 不歆 时歆］　　　　**禁**［不禁 莫禁 难禁］

喑［齐喑］　　　　　　　　　**瘖**［病瘖 狂瘖］

森［萧森 阴森 松森 竹森］　**参**［扪参 辰参 秋参 商参］

淋［雨淋 露淋 汗淋］　　　　**檎**［秋檎 果檎 林檎］

祲［云祲 海祲 祥祲］　　　　**湛**［浮湛 深湛］

【下平　十三覃】

覃 [普覃 幽覃 荣覃 葛覃]　　　潭 [湘潭 龙潭 渊潭]
谭 [桓谭 过谭 衡谭 参谭]　　　参 [廷参 相参 台参 伍参]
骖 [两骖 解骖 右骖 归骖 征骖]　楠 [石楠]
南 [终南 陇南 周南 岭南 汉南 征南 安南 剑南]
谙 [未谙 熟谙 初谙 详谙 深谙]　男 [鲁男 宜男 多男]
庵 [竹庵 雪庵 茅庵 禅庵]　　　含 [香含 春含 窗含 花含]
涵 [海涵 江涵 虚涵 既涵]　　　函 [内函 犀函]
蚕 [野蚕 劝蚕 桑蚕 浴蚕 课蚕]　岚 [霜岚 青岚 晚岚 云岚]
探 [讨探 俯探 遐探]　　　　　贪 [激贪 止贪 心贪]
耽 [久耽 深耽 荒耽]　　　　　湛 [且湛 深湛]
龛 [佛龛 古龛 香龛 蒲龛]　　　堪 [难堪 谁堪 那堪]
谈 [笔谈 夜谈 笑谈 清谈 俗谈]　三 [再三 乾三 余三]
甘 [醴甘 味甘 辛甘 芳甘 葵甘 分甘 清甘]
柑 [酿柑 种柑 香柑 青柑 金柑]　泔 [米泔]
酣 [酒酣 宴酣 战酣 微酣 沉酣 初酣] 邯 [章邯 梁邯]
篮 [药篮 半篮 蔬篮 盈篮 筠篮 花篮] 憨 [酒憨 狂憨 娇憨]
惭 [知惭 心惭 羞惭 负惭]　　　婪 [切婪 贪婪]
蓝 [浅蓝 翠蓝 绿蓝 采蓝 精蓝 青蓝 秋蓝 染蓝 松蓝 吴蓝 伽蓝]

【下平　十四盐】

盐 [煮盐 绿盐 白盐 调盐 花盐 吴盐 鱼盐 梅盐 青盐]

檐 [危檐 层檐 画檐 末檐 绕檐]

廉 [孝廉 守廉 养廉 素廉 伤廉 清廉]

帘 [冰帘 绣帘 画帘 香帘 隔帘 珠帘]

嫌 [宿嫌 避嫌 憎嫌 旧嫌 怨嫌]

严 [戒严 庄严 谨严 尊严 森严 威严 霜严]

髯 [髭髯 美髯 苍髯 虬髯 长髯 霜髯]

谦 [柔谦 履谦 尚谦]　　　　奁 [香奁 镜奁 重奁 开奁]

纤 [秋纤 月纤 碧纤 纤纤]　签 [琼签 书签 漏签]

瞻 [观瞻 欣瞻 遥瞻 高瞻]　占 [日占 凤占 吉占]

蟾 [金蟾 月蟾 浴蟾 素蟾 灵蟾 玉蟾]　炎 [赫炎 附炎 余炎 威炎]

添 [酒添 愁添 香添 翠添 暗添]　沾 [均沾 笔沾 雨沾]

缣 [兰缣 霜缣 吴缣 新缣 纨缣]　兼 [并兼 相兼 思兼 难兼]

尖 [指尖 塔尖 山尖 眉尖 塔尖]　潜 [渊潜 沉潜 隐潜 退潜]

镰 [刀镰 钩镰]　　　　　　帷 [车帷 锦帷]

淹 [迟淹 久淹 时淹 寂淹 江淹]　甜 [黑甜 甘甜 酸甜 梦甜]

恬 [安恬 清恬]　　　　　　铦 [锋铦 铓铦]

詹 [史詹 宫詹]　　　　　　襜 [锦襜 绿襜 貂襜]

钤 [兵钤 戎钤 玉钤]　　　　蒹 [秋蒹 汀蒹 采蒹]

鲇 [鲲鲇 鳣鲇]　　　　　　鹣 [西鹣 鸣鹣 孤鹣]

阎 [大阎 寺阎]　　　　　　砭 [针砭]

【下平　十五咸】

咸 [阮咸 巫咸]

鹹 [石鹹 海鹹 盟鹹 花鹹 秋鹹]

函 [画函 法函 玉函 经函 书函]

缄 [素缄 三缄 幽缄 香缄 开缄 封缄]

谗 [听谗 信谗 避谗 被谗 止谗 讥谗 畏谗 忧谗]

衫 [紫衫 薄衫 罗衫 青衫 长衫 春衫 轻衫]

岩 [云岩 碧岩 高岩 石岩 梅岩]　　**衔** [鹤衔 野衔 燕衔]

帆 [片帆 锦帆 旌帆 征帆 归帆]　　**凡** [圣凡 非凡 大凡 山凡]

杉 [翠杉 白杉 疏杉 寒杉]　　**监** [三监 官监 启监]

鑱 [天鑱 腰鑱 表鑱 雪鑱 药鑱]　　**芟** [锄芟]

嵌 [空嵌 西嵌]　　**儳** [鼓儳 轻儳 躬儳]

这些词大多都是在古诗词中曾经出现的韵脚词，从诗中摘来，大多是有出处的，且优选有古意的组词，虽然还不够全面，对创作诗词也会有一些帮助和启发。

第四章 近体诗的对仗

对仗，也称对偶，它是表达诗作思想内容的重要艺术手法之一。一首近体诗，除了讲究韵律及平仄格律意外，还十分讲究对仗。

不了解对仗这种艺术形式，对诗作的艺术技巧，就很难领会得透彻，更谈不上充分的欣赏。

对仗的基本要求，大体有以下三点：

一、相对的上下句，平仄必须相反，即对立；

二、相对的上下句，语法结构必须相同；

三、相对的上下句词语，词性必须一致。

律诗的中间两联，即颔联和颈联，按照格律要求，必须使用对仗。

例如:

出句: 平仄: 明(仄) 月仄　松平 间平 照仄
　　　词性: 形　 名 　　名 方位 动
对句:　　　清平 泉平　石仄 上仄 流平
　　　结构: 明 / 月　　　　照（于）松间（补语）
（主语部分）清 / 泉　（谓语部分）流（于）石上（补语）
　　　　　（定）(主)

出句: 青枫江　　上　　秋　帆　远
　　　 平平仄 　 仄　 平　平　仄

（江名）名词　　方位词　名词性词组　形
（城名）

对句: 白帝城　　边　　古　木　疏
　　　 仄仄平　 平　 仄　仄　平

　　　　　（主语部分）　　　（谓语部分）
　　　（定）（定）（主）　（形容词谓语）

从图表可以看出，对仗句的出句和对句，不但语法结构必须相同，而且相对应的词语，词性还必须一致。否则就不成为对仗句了。

具体地说，就是在对仗句里，必须名词对名词，形容词对形容词，动词对动词，数量词对数量词等。

上面说过，对仗，一般用在颔联和颈联，而首联和尾联一般是不用对仗的。例如：

左迁至蓝关示侄孙湘　韩愈

首联 { 一封朝奏九重天，
       夕贬潮阳路八千。

颔联 { 欲为圣明除弊事，
       肯将衰朽惜残年。   } 对仗

颈联 { 云横秦岭家何在
       雪拥蓝关马不前。   } 对仗

尾联 { 知汝远来应有意，
       好收吾骨瘴江边。

当然，除颔联、颈联必须对仗外，有些诗首尾两联也有对仗的，但那不是格律的要求。用不用是自由的。

也各举一个例子：

破山寺后禅院　常建

首联 { 清晨入古寺，
       初日照高林。   } 对仗

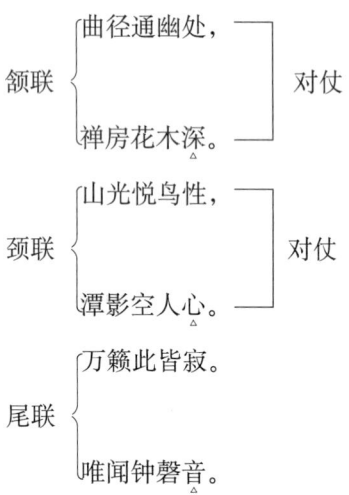

这是首联用了对仗的五律。现在我们再来看下尾联对仗的。

闻官军收河南河北　杜甫

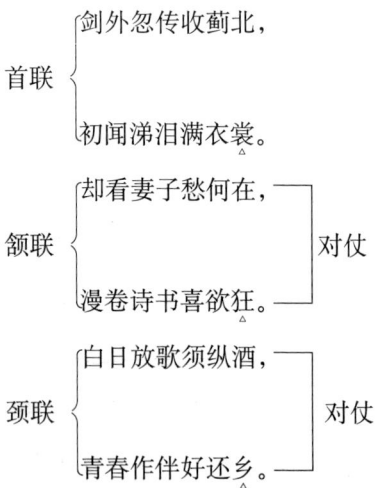

尾联 { 即从巴峡穿巫峡，
便下襄阳向洛阳。 } 对仗

下面我们再来看看绝句的对仗。绝句，一般是不用对仗的。不过我们也可以看看用了对仗的例子。

八阵图　杜甫

第一联 { 功盖三分国，
名成八阵图。 } 对仗

第二联 { 江流石不转，
遗恨失吞吴。 }

乌衣巷　刘禹锡

第一联 { 朱雀桥边野草花，
乌衣巷口夕阳斜。 } 对仗

第二联 { 旧时王谢堂前燕，
飞入寻常百姓家。 }

绝句也有上下两联都对仗的。如

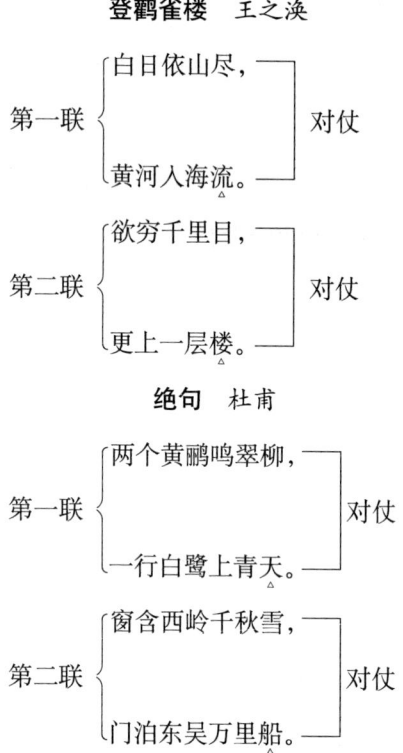

运用对仗的时候，语法结构相同，词性也一致的叫工对，也叫严对。在名词一类里，还细分为天文、地理、时令、宫室、草木、文学等。分的很细致、很严格。如：

天文类：浮云游子意，落日故人情。

地理类：山随平野尽，江入大荒流。

时令类：晓战随金鼓，宵眠抱玉鞍。

动物类：草枯鹰眼疾，雪尽马蹄轻。

植物类：樱桃樊素口，杨柳小蛮腰。

身体类：且看欲尽花经眼，莫厌伤多酒入唇。

如果语法结构不完全一致，仅字面上相对的，叫宽对。

有时候也说大类相对，而小类不在一个类别的对仗也叫宽对。

对仗句，从内容上分，有正对、反对、流水对等几类。

正对：就是上下两句意义相近的对仗。比如：

    武帝祠前云欲散。

    仙人掌上雨初晴。

反对：是上下两句意思相反的对仗。比如

    波上马嘶看棹去，

    柳边人歇待船归。

流水对：上下联合成一句，来表达一个完整的意思，这叫流水对。比如：

    海内存知己，天涯若比邻。

流水对上下句的意思相关相连（有承接、递进、因果、假设、条件等关系）。如：

    欲穷千里目，更上一层楼。（假设）

    即从巴峡穿巫峡，便下襄阳向洛阳。（承接）

另外还有一种叫借对。

借对有两种情况，一个是借意思，一个是借读音。

1. 借意：一个词有 A 和 B 两个意思，字面上应该用 A 意思，理解起来是 B 意思。

"白法调狂象，玄言问老龙。"这里边，"玄"字字面意思本来应该是黑色的意思,因为要与下句"白"相对仗,但实际表达意思是"玄妙"的意思。

2. 借音。如:

> 沧海月明珠有泪,蓝田日暖玉生烟。

借"沧"为"苍"。"苍"是白色的意思,可以和蓝对上。

> 谈笑有鸿儒,往来无白丁。

借"鸿"为"红",以对下句的"白"字。

> 厨人具鸡黍,稚子摘杨梅。

借"杨"为"羊",以对上句的"鸡"字。

对仗中需要注意:不论诗词还是对联,一般下面几类都要对上。

1. 方位。东、西、南、北、中、前、后、左、右、里、外、内、上、下、边、周……如:

> 青山横北郭,白水绕东城。

> 越鸟巢南枝,胡马依北风。

2. 数目。一、二、三、四、五、六、七……单、独、半、匹、双、孤、再……例如:

> 乾坤一夕雨,草木万方春。

> 君岂二三难嗣音,欲言八九总沉吟。

3. 颜色。赤、橙、黄、绿、青、蓝、紫、黑、白、灰……金、银、铜、铁、土、玉……玄、骊、碧、素、菜、翠、藕合、秋香色……琥珀色、胭脂色等等全部都是各种颜色。例如:

> 问壶穷白首,逐漏过青春。

全家白骨成灰土，一代红妆照汗青。

4. 人名。人名就太多了，一般人会用古人的字（如杜甫字子美，苏辙字子由）、排行、官职（比如柳屯田、杜工部）、称号（如欧阳修称六一居士）、谥号（比如范文正、左忠毅、岳武穆）、地名（比如颜平原、韩荆州）等一切东西来难为我们，我们一定要小心应对。例如：

> 黄公石上三芝秀，陶令门前五柳春；
> 欲舞定随曹植马，有情应湿谢庄衣；
> 伯仲之间见伊吕，指挥若定失萧曹；

5. 鸟兽。如：

> 玄豹夜寒和露隐，骊龙春暖抱珠眠。
> 庄周晓梦迷蝴蝶，望帝春心托杜鹃。

6. 朝代。如：

> 赵瑟初停凤凰柱，蜀琴欲奏鸳鸯弦。

7. 地名。如：

> 百二秦关终属楚，三千越甲可吞吴。

8. 叠字。如：

> 梨花院落溶溶月，柳絮池塘淡淡风。
> 字字生香成玉树，丝丝写意付金针。

9.. 干支。甲乙丙丁戊己庚辛申酉戌亥，如：

> 寅年篱下多逢虎，亥日沙头始卖鱼。

10. 连绵词。连绵词包括两类，一类是不可拆开的词，如：寂寞，娉婷，殷勤，蹉跎，叮咛，蜻蜓，自由等；另一种是可以拆开的：悲欢，宠辱，晨昏，忧乐，生死，爱恨等。如：

> 意有悲欢空惆怅，身羁宠辱不自由。
>
> 唯有残书销寂寞，从君青眼写娉婷。

11. 虚词。之、乎、者、也、以……如：

> 苟利国家生死以，
>
> 岂因祸福避趋之。

关于对仗，《给青少年讲格律·对联卷》里面有特别特别详细的介绍。有兴趣的读者可以看看。

第五章　诗歌常用修辞方法

诗词的修辞手法非常多，像重言（一寸相思一寸灰）、借代（宛转蛾眉马前死）、夸张（白发三千丈）、双关（捣麝成尘香不灭，拗莲作寸丝难绝）等等，都是诗词里常用的修辞手法。本章整理了诗词中比较常见的修辞手法和在诗词里面的作用，按已经习惯了的26字母排列，如下：

A栏我暂时没有想起来有什么修辞。A栏不管什么都很少的。

B

【白描】用类似于画画的笔触描述出物态的形象，笔墨简练，不加烘托。

作用就是比较直观地看见诗人笔下的形象。比如"绿蚁新醅酒，红泥小火炉"。

【比喻】

比喻的作用就是把不好理解的形象用巧妙的比喻转化成好理解的形象，或者把不好感觉的虚无的飘渺的形象转化成人人都见过的、都能感同身受的形象。

1. 明喻举例:"自在飞花轻似梦,无边丝雨细如愁""离恨恰如春草,更行更远还生"。

2. 暗喻举例:"君当作磐石,妾当作蒲苇。蒲苇韧如丝,磐石无转移"。

3. 隐喻举例:"绛纱囊里水晶丸",就是把荔枝比喻成一个装在红纱袋里面的水晶丸。

4. 博喻:一个本体用很多喻体进行比喻。举例:"试问闲愁都几许,一川烟草,满城风絮,梅子黄时雨。"

C

【衬托】衬托是为了突出主要事物,先描写与之有关联的事物作为陪衬。衬托分正衬和反衬两种,反衬一般又包括动衬静、声衬寂、乐衬哀。

衬托的作用就是加深我们的理解,使我们感同身受,增强作品的感染力。

1. 正衬:正衬就是用性质和感情色彩一致的东西去衬托另一个东西。有用气氛烘托的,有用环境烘托的,也有用人烘托的。

比如《三国演义》里边写诸葛亮,那就先写他住的环境有多么幽美,植物都是竹子之类的高洁的东西,他的朋友都是崔博平之类超逸的隐士,他的老师是水镜先生那样的高人,物以类聚,人以群分,令人未见即生敬仰之情。这就是正衬的作用。

还有就是《红楼梦》里边写刘姥姥见王熙凤,先看见金碧辉煌的陈设环境，再看见打扮得珠围翠绕的平儿，还以为就是凤姐了，谁知道还不过是凤姐的丫鬟！然后就想，丫鬟都这么有派了，凤姐必定是个神仙了！

诗词的例子："风萧萧兮易水寒，壮士一去兮不复还"，用这种肃杀的环境衬托出荆轲出发时候的悲壮。

2. 反衬："江青鸟愈白""可怜身上衣正单，心忧炭贱愿天寒""桃李向秋凋落尽，一枝松色独青青"。

【重言】就是一个字或者词在诗词里边有规律地重复出现。

作用就是增加作品循环往复连环的音律美。也有的是一次表达不深刻，再来一次，也有加强的作用。还有的就是前后两个有并列、递进或对比的关系。如："一寸相思一寸灰""世间安得双全法，不负如来不负卿""晓也星稀，晓也月西沉。晓也雁行低度，不会寄芳音"。

D

【对比】是把具有明显差异、矛盾和对立的双方安排在一起，进行对照比较的表现手法。

作用是有利于充分显示事物的矛盾，增强文章的艺术效果和感染力。

比如，"战士军前半死生，美人帐下犹歌舞""事去千年犹恨速，愁来一日即知长"，又如"全家白骨成灰土，一代红妆照汗青"中"白骨"与"红妆"以颜色做映衬，色彩鲜明，孰轻孰重自然出来了。"记取僧楼听雪夜，万山如墨一灯红"中"万山墨"与"一灯红",用数字和颜色做对比,意境之美,令人神往。"劝君莫话封侯事,一将功成万骨枯",以数字作为映衬,"一"代表极少,而"万"代表极多,对比强烈。

【顶针】就是用句末的词语做下一句开头的词语的修辞。

作用是一环扣一环,气势如行云流水一泻千里,有音律美。

比如:"铺床凉满梧桐月,月在梧桐缺处明。"

【对仗】

对仗在诗词里边不是修辞而是骨架,此处不再赘述。

F

【反复】多次出现。

作用是突出重点,加深印象。

比如,"恨君不似江楼月,南北西东,南北西东,只有相逢无别离。恨君却似江楼月,暂满还亏,暂满还亏,待得团圆是几时。""而今识尽愁滋味,欲说还休,欲说还休,却道天凉好个秋。"

【反问】用疑问的形式表达确定的意思。

用来加强语气,表达强烈感情。

比如:"耳目所见尚如此,万里安能制夷狄?"

H

【互文】一种互辞形式,上下两句或一句话中的两个部分,看似各说两件事,实则是互相呼应,互相阐发,互相补充,说的是同一件事。上下文意互相交错,互相渗透,互相补充来表达一个完整句意的修辞方法。

掌握了它，有时可以从已知词义来推知另一个未知的词义。

比如，"将军百战死，壮士十年归""当窗理云鬓，对镜贴花黄""脱我战时袍，着我旧时裳""秦时明月汉时关""主人下马客在船""烟笼寒水月笼沙"。

J

【借代】

作用是使句式整齐，对仗工整，语句简练，含义丰富。

借代分以下几种：

1. 用事物的特征或标志借代事物。"九天阊阖开宫殿，万国衣冠拜冕旒"中，以"衣冠"代表官吏，"冕旒"代表天子，即是以标志借代事物。"紫袍不识莎衣客，曾对君王十二旒"，用"紫袍"指代贵官。"誓扫匈奴不顾身，五千貂锦丧胡尘"，以"貂锦"借代为戴貂皮帽穿锦袍的战士。

2. 用事物的所属或所在借代事物。"甲第纷纷厌粱肉，广文先生饭不足"，"甲第"乃指居住于甲第内之公卿富户，以所在借代事物。"朱门酒肉臭"以"朱门"借代住在朱门里的人。

3. 用事物的制造者或产地借代事物。"男儿何不带吴钩，收取关山五十州？""吴钩"是古代吴地生产的一种弯刀，这里指精良的武器。"何以解忧，唯有杜康"，"杜康"原为古之酿酒人，此处借代为酒。

4. 用事物的原料或工具借代事物。"汝阳三斗始朝天，道逢麴车口流涎"，"麴"原为酿酒的原料，这里借代为酒。"田园寥落干戈后，骨肉流离道路中"，"干戈"是作战的工具，此处借代为战争。

5. 部分借代为全体。"六军不发无奈何，宛转蛾眉马前死"，"蛾眉"用眉毛借代整个女人，指杨妃。"过尽千帆皆不是，斜晖脉脉水悠悠"，用"帆"代船，部分代全体。"雕栏玉砌应犹在，只是朱颜改"，这个"雕栏玉砌"指代宫殿乃至故国。

K

【夸张】

夸张有夸大有缩小。作用是把一个事物的特征突出出来，使读者印象深刻。如"白发三千丈""飞流直下三千尺""燕山雪花大如席"……

L

【列锦】把很多同类的东西列在一起。

作用是创造典型环境。

最有名的，是每次讲到列锦必提到的"枯藤老树昏鸦，小桥流水人家，古道西风瘦马"。这几个同类的东西往读者面前啪啪啪一拍，读者自然就能体会到诗人身处的环境是多么凄凉、多么令人销魂断肠了。其他还有"鸡声茅店月，人迹板桥霜""酸梅甜杏缠丝藕"（这几个都是代表爱情的）、"箫音琴曲读书人""铁马秋风大散关"（都是和战争有关的）等。

M

【摹状】摹写事物具体情形与作者具体感觉。

作用是细致描绘，如绘画或者录音般使读者如同亲眼看见，亲耳听见，亲身体会到。

分摹声、摹色、摹形状几种。

"关关雎鸠""雀声喷喷燕飞飞"，"关关""喷喷"就是摹声。"行不得也哥哥"，这些都是鸟儿的叫声，引起诗人的思绪。

"软绿柔蓝着胜衣""半江瑟瑟半江红""乌云翻墨未遮山""嫩于金色软于丝"是摹色。

"碧玉妆成一树高，万条垂下绿丝绦""水边篱落忽横枝"是摹状。

N

【拟人】把物当作人来写。

物体之上承载了诗人一腔感情，也对读者有无比的感染力。

"多情也恨无人赏，故遣低枝拂面来""白雪却嫌春色晚""咬定青山不放松""蜡烛有心还惜别，替人垂泪到天明"。

P

【排比】把三个或三个以上结构相同或相似、内容紧密关联、语气一致的几个句子或短语接连说出来。

排比用于叙事，可使语意畅达，层次清楚；用于抒情，能收到节奏和谐、感情奔放的效果。举例："班定远飘零玉关，楚灵均憔悴江干。李斯有黄犬悲，陆机有华亭叹。张柬之老来遭难。把个苏子瞻长流了四五番，因此上功名意懒。"

【偏指】诗句中两字同时出现的字，其实意思指向其中一个。

如"死生，昼夜事耳"，偏指"死"；又如"昼夜勤作息"偏指"作",不指"息"。

Q

【嵌名】【嵌字】就是把一些专有名词如人名、地名、书名、词牌名、药材名等整体或者拆开嵌在诗词里相对的位置,并用它们传情达意。

嵌名的好说,"此地空余黄鹤楼""清新庾开府,俊逸鲍参军""闭门觅句陈无己,对客挥毫秦少游"。

嵌字诗,再举个比较有名的例子吧。辽道宗皇后萧观音写过一首诗:"宫中只数赵家妆,败雨残云误汉王;惟有知情一片月,曾窥飞燕入昭阳。"这里边含有当时宫廷乐师赵惟一的名字,于是被诬陷和赵惟一有染,被赐死。

S

【设问】先提出问题,接着自己把看法说出。

作用是点明题旨,加深印象。

比如,"问人间谁是英雄?有酾酒临江,横槊曹公""断头今日意如何?创业艰难百战多"。

【双关】表面上看是A意思,其实暗含B意。

作用是使读者领会其弦外之音,而感心裁巧妙之法。双关有三种:

1.谐音双关:用相同或相近的读音来双关。"与君一尺素,是我千丈丝",这个"丝",当然是思念的"思"啦。所以呢,从古至今,女子表示对男子有意的定情物很多都是丝帕、香囊等丝织品,

"横也丝来竖也丝""何以致叩叩？香囊系肘后"。南朝的诗歌里边大量运用双关这种修辞方法："低头弄莲子，莲子清如水"，"莲"谐音"怜"，爱怜的意思。还有，"柳"谐音"留"，请君留下、依依不舍的意思，所以一离别就要去折柳，都成了送别的习惯性动作了。

2. 字形双关：拆开或合并字形，作为语意上的双关。

比如王维的诗"到门不敢题凡鸟，看竹何须问主人"，"题凡鸟"的典故出自《世说新语》：嵇康跟吕安关系好，有一次吕安来找嵇康，正好嵇康不在，弟弟嵇喜出门迎接吕安，吕安没进门，在门上写了个"凤"字就走了，嵇喜还很开心，以为吕安夸他呢。嵇康回来以后，笑道："人家说你是个'凡鸟'！"这个"凤"字，就是拆字双关。还有乾隆在西湖的湖心岛上题的石碑"虫二"意思是"风（風）月无边"。还有曹操和杨修相距三十里的"黄绢幼妇——绝妙"。因为"黄绢"是带颜色的丝，所以是"色丝"——绝；幼妇就是少女，少女就是"妙"。现在形容一个人写的文章好还专门有一个名词叫"幼妇词"。

3. 意思双关：意在言外，明面上说这件事，其实是说另一件事。要闻弦歌而知雅意哦。

比如，"还君明珠双泪垂，恨不相逢未嫁时"（《节妇吟·寄东平李司空师道》），其实是对李师道说你就死了这条心吧，我是不会背叛皇帝去投靠你的；"妆罢低声问夫婿，画眉深浅入时无？"（《闺意献张水部》）这句实际上是问考官张籍，我的文章写得如何;"齐纨未足时人贵,一曲菱歌敌万金"是说你的文章写得太好了,考试没问题;"章台柳,章台柳,昔日青青今在否?纵使长条似旧垂,也应攀折他人手"是问姓柳的美女你是不是改嫁了,"攀折他人手"。这些,都是表面上看着一个意思,其实是说另一个意思。

Y

【用数】用数就使用数字。

在讲对仗的时候说过了,这里简单提一下。炼字的时候很讲究数字的,比如,"一夜蝉声风渐老,半窗花影暮犹酣""千山鸟飞绝,万径人踪灭""六宫罗绮同时泊,九陌烟花一样飞"。从一到十、百、千、万、亿、单、孤、独、匹、满、半、周、全,两、双……都是表示数字的字,在诗词中常常出现。

【用色】就是诗词里用颜色。

作用是使诗词颜色鲜明,容易揣测诗人的感情,因为颜色本身也带有冷暖,暖色代表心情比较愉悦,冷色代表情绪比较沉郁。比如,"日出江花红胜火,春来江水绿如蓝",明明白白表达愉悦;"满面尘灰烟火色,两鬓苍苍十指黑"能瞧出怜悯。

【用典】诗词里用典故。

用典是利用过去发生过的"故"事,进行凝练的概括,用极短的词句表达丰富的含义。因为诗词的体例和字数都比较短小,而常常要表达非常丰富的内容,很多时候就要用到过去的典故——用同类的性质已经固定了的故事来类比现在要说的事,往往撷取原典故中的一两个词语，原故事整个就用在其中了。举个通俗的例子：男女吵架时如果女方骂男方"陈世美"，那大家对事件性质就会洞若观火，如果男方骂女方"潘金莲"，那意思也非常明确。或者说某官员是包拯、海瑞类型的，抑或此官员是"赛和坤"之类，也能了解此人操守。所以用典很多时候都是相同或类似的事。用历史上做出了大家公认性质的人和事，来说明当前事情的性质。例诗："曾于熙水分困粟，又向彭城赠麦舟""谢公最小偏怜女，自嫁黔娄百事乖"。

用典是诗词里边专门要提出来的，跟对仗一样，虽然它是修辞，但在诗词里边又不仅仅是修辞。《给青少年讲格律·诗语卷》中有一节来介绍它，这里就不赘述了。

后 记

最近诗词大会很火,很多人称之为"诗词的复兴"。诗词大会让诗词重新走进全民视野,带动全民的读诗热潮,其功劳非常值得肯定。

但也引起了一些争议,如某些评委因即兴赋诗却不合格律而被诟病,这些现象也引起了大家的思考:记诵是否就等于诗词的复兴。

中国古典诗词的生命力,是其永恒的形式美感。

简而言之,就是中国古典诗词的韵律和格律,即:平仄、粘对、对仗、押韵等,严格的格律规则,所造就的抑扬顿挫、朗朗上口、循环往复的美感。

中国古典诗词的传承,我觉得最起码要学会按照声韵、平仄等去写诗填词,能够写出真正符合传统格律、平仄及韵味的诗来。

而本书,就是诗词格律方面的普及入门读本,系统地讲述了诗词的骨干:格律、韵律。懂得这些规则,会更加理解诗词的韵律美,而且能够懂得鉴赏一首诗好在哪里。

读完本书,基本上对诗词的格律会有一个大概的了解。然后这本书还有与之配套的下卷——《诗语卷》。如果说这本《近体诗卷》

讲的是诗词的骨干，那么《诗语卷》讲的就是诗词的血肉。

诗写得对不对，看格律；写得好不好，看诗语。

《诗语卷》里包括了诗词的意象，诗词中运用的典故，写诗时候常用的具有诗感的语言。比如别称、叠词、连绵词……让你在写表达自己思想感情的诗词时，很容易地把自己的语言转化成诗词的语言，写出一首符合格律又诗感十足的诗词。

本书的目的，就是为了能够让写诗这一古老的形式能更加容易地被掌握，让诗词的生机得以延续，让喜欢写诗的人们找到写诗的门径，让欣赏诗的人懂得品鉴的方法。如果能够取得一点效果，也觉得很欣慰了。

由于作者水平所限，且本书只是一人之见，难免有所疏失，如有分歧，还请不吝赐教。如需交流，请扫描下方二维码关注微信号。